11/5/2

LES

OUVRIERS,

ROMAN DE MŒURS ;

PAR RABAN.

TOME PREMIER.

PARIS,

LECOINTE, quai des Augustins, 49 ;
CORBET, quai des Augustins, 61 ;
PIGOREAU, place S.-G.-l'Auxerrois.

1835.

LES

OUVRIERS.

De l'Imprimerie de A. HENRY,
rue Gît-le-Cœur, n° 8.

LES
OUVRIERS,

ROMAN DE MŒURS;

PAR RABAN.

TOME PREMIER.

PARIS,

LECOINTE, quai des Augustins, 49;
CORBET, quai des Augustins, 6[illegible];
PIGOREAU, place S.-G.-l'Auxerrois, 20.

1835.

L'*Agnus Dei*, la jolie femme et le pain sec. — Le tête-à-tête. — Conjectures charitables.

—

Oscar avait un peu plus de quatorze ans ; c'était un beau garçon, à l'œil noir et bien fendu, bon, généreux, espiègle, passant en classe la moitié de son tems à fabriquer des boulettes de papier mâché qu'il envoyait, avec une adresse remarquable, sur les lunettes de ses professeurs. Les heures de récréation, dont il faisait grand cas, n'étaient pas moins bien employées; une partie de balle était, lorsqu'il y prenait part, assez ordinairement entremêlée de coups de poings et de coups de pieds, et comme dans les combats de ce genre, les habits des combattans sont toujours partie intéressée, celui d'Oscar se faisait remarquer par une foule d'honorables cicatrices mal déguisées sous le fil noir et le cordonnet. Malgré tout cela, ou peut-être à cause de tout cela, Oscar était l'un des meilleurs élèves de l'institution, où, moyennant quatre cents francs par an, on s'était engagé à en faire un pédant bien conditionné, selon les règles d'Aristote. Déjà il était d'une très-jolie force sur le *que retranché*, et savait du grec presque autant que M. Raoul-Rochette le savant. Pour lui l'avenir se présentait sous les plus riantes couleurs : fils d'un magistrat sans fortune, mais honorable, ses parens avaient l'espérance de le voir succéder à son père ; Oscar le savait, et il se réjouissait en pensant au tems qu'il passerait à Paris pour faire son droit. D'abord, il serait libre, entièrement libre!..... Il disposerait à son gré de ses économies, si tant est qu'un étudiant fasse des économies à Paris; il pourrait acheter des friandises, aller au spectacle, et il rencontrerait infailliblement quelques jolies femmes qui le trouveraient charmant. Car, bien qu'il n'eût pas encore quinze ans, notre collégien se faisait un paradis qui ressemblait un peu à celui de Mahomet. La vue d'une jolie femme, d'une jeune fille doucement tourmentée de ses trois lustres, faisait, depuis quelque tems, battre son jeune cœur. Souvent, à la promenade, il quittait brusquement une partie de *cheval fondu*, pour aller, loin des compagnons de ses jeux, rêver dans une allée solitaire; une robe blanche, un pied mignon, de blonds cheveux le faisaient tressaillir. Par la même raison, l'église était devenue pour lui un lieu charmant, non qu'il fût plus dévôt et meilleur chrétien qu'autrefois, et qu'au jour de la confession la liste de ses péchés fût diminuée d'une ligne; bien au contraire, elle se trouvait augmentée de certaines distractions que lui causait une femme charmante, laquelle, en vrai satellite du malin esprit, se plaçait ordinairement tout près de la chapelle où nos espiègles, alignés sur deux rangs, étaient, chaque semaine, condamnés à entendre messe, vêpres, complies, etc.

En un mot, Oscar était amoureux.

C'était le jour de Pâques; les jeunes élèves de l'institution, dont il faisait partie, étaient venus à la messe; on en était à l'Oraison Dominicale. Déjà Oscar avait puisé à pleine-main dans la corbeille de pain béni; tout à coup un léger bruit se fait entendre : aussitôt, Oscar, les bras tendus, et la bouche pleine, s'élance comme un trait, saute par-dessus les chaises qui sont devant lui, renverse sur le nez une dévote enfoncée dans de saintes méditations, ramasse le livre d'*heures* qu'avait laissé tomber le délicieux objet de ses fréquentes distractions, et le lui présente respectueusement. La jeune femme est émue; les regards de tous les assistans sont dirigés sur elle: un rouge de pourpre couvre son charmant visage. Oscar, de son côté, ne sait trop où il en est: le pain béni qu'il vient d'avaler trop brusquement menace de le suffoquer; ses idées sont confuses, ses oreilles bourdonnent; il est près de perdre la respiration. Cependant, la jolie femme parvient à balbutier un remercîment. Oscar, qui se sent défaillir, tourne les talons, et se hâte de reprendre sa place, où, grâce au mouvemeut qui a fait descendre le malencontreux morceau de brioche, il parvient à respirer et à reprendre un peu d'aplomb.

— Oscar, dit le maître d'études, vous passerez le reste de la journée en retenue.

— Tiens ! qu'est-ce que j'ai donc fait ?

— Comment ! ce que vous avez fait.... Troubler l'office divin, insulter madame de Gerlasse; n'est-ce donc rien ? Et cela le jour de Pâques, dans la cathédrale, en présence de toute la ville d'Amiens....

— Madame de Gerlasse !....

l'épouse du conseiller à la Cour royale?....

— Oui, Monsieur, l'estimable épouse de l'honorable collègue de votre respectable père.

— Mais, Monsieur.....

— Vous irez à la salle de discipline.

En ce moment la sonnette de l'élévation se fit entendre: le maître d'études inclina la tête, se frappa la poitrine, en commençant la formule : *Agnus Dei qui tollis*...

— Je m'en moque, dit Oscar presque à haute voix.

— *Agnus Dei*, reprit le maître d'études, *Agnus Dei qui tollis peccata mundi*..... Oscar, deux jours au pain sec......

— Ah! tiens; qu'est-ce que ça me fait! j'ai des confitures dans ma cassette, murmura Oscar.

— Quatre jours.... huit jours au pain sec; entendez-vous! *Agnus Dei*....

— *Agnus Dei*, dit l'écolier à son tour, en contrefaisant la voix nasillarde du pédant. *Agnus Dei*, qu'y a-t-il de commun entre vous et ce vieux chien de cour?

Le maître d'études n'ajouta pas

un mot; mais il lança au jeune homme un de ces regards terribles, qui font tressaillir un élève. Et cependant Oscar s'en moqua, car il venait de s'apercevoir que madame de Gerlasse souriait; et ce sourire était de nature à lui faire supporter, sans qu'il s'en plaignît, toutes les peines qui composent le Code pénal des colléges.

— C'est singulier, pensait-il, je me rappelle parfaitement ce M. de Gerlasse; un petit homme de cinquante-cinq à soixante ans, portant des ailes de pigeon poudrées, ayant le ventre rebondi, le nez camard, et un pied-bot.... Que cette jolie dame fût sa fille, cela serait déjà fort surprenant; mais sa femme !.... c'est à n'en pas revenir...... Cela n'est pas possible.

Et pendant que l'imagination ardente du jeune homme allait son train, que ses regards cherchaient à pénétrer sous le vaste chapeau de la jeune dame, et peut-être aussi quelque autre part, attendu que, de nos jours, le diable est plus malin que jamais, et que les écoliers de quinze ans le sont presque autant que lui. Pendant, dis-je, que Satan faisait ainsi des siennes dans la maison du Seigneur, l'officiant continuait la célébration du saint mystère, le serpent ronflait comme un Suisse, les chantres détonnaient à tue-tête; le tout, pour la plus grande gloire de Dieu ; tant et si bien que le *Ite missa est* arriva sans que Oscar s'en aperçût. Le maître d'études se leva ; tous les collégiens en firent autant.

— Déjà ! dit notre amoureux, en jetant un dernier regard sous le grand chapeau ; déjà !....

C'était la première fois de sa vie qu'il lui arrivait de trouver la messe trop courte. A peine eût-il mis le pied hors de l'église, que tout ce qui s'était passé depuis une heure se présenta à son esprit ; il pensa à la salle de discipline qui l'attendait, au pain sec qu'il devait manger pendant huit jours, et contre lequel son pot de confitures ne pouvait être qu'une bien faible ressource. Que de calamités allaient fondre sur lui!.... Et cela, parce qu'il avait sauté par-dessus deux chaises, renversé, sans y mettre d'intention, une brave dame qui ne lui en voulait probablement plus, et ramassé le livre d'une jeune et jolie dévote, qui l'avait remercié si gracieusement.

— Ma foi, se dit-il, c'est aussi par trop fort! C'est une injustice criante! Et mon père lui-même, si sévère d'ailleurs, en conviendrait si la chose lui était soumise.....Nous voici arrivés à la place Verte, je ne suis plus qu'à cent pas de la maison... on me poursuivra, mais j'ai de bonnes jambes, et j'aurai bientôt rompu les chiens.

Ce projet est presque aussitôt exécuté que conçu. Arrivé au premier coin de rue, Oscar fait brusquement demi-tour, et disparaît avec la rapidité de l'éclair. Quelques secondes lui suffirent pour arriver à la maison paternelle, où il ne trouva qu'un vieux serviteur.

— Mon Dieu! M. Oscar, comme vous voilà essoufflé!.... Mais il me semble que vous ne deviez pas venir aujourd'hui ?

— C'est juste, *je ne devais pas*; mais, voyez-vous, père Ardouin, au collége on ne fait pas toujours ce qu'on doit, et encore moins ce qu'on veut.

— Ce qui prouve, M. Oscar, que l'homme propose, et Dieu dispose.. Par exemple, M. votre père se proposait bien certainement d'assister aujourd'hui à la messe, avec toute la cour en robes rouges.... c'est fièrement imposant, les robes rouges, M. Oscar !..... en avez-vous déjà vu ?

— Oui, c'est pas mal imposant... Vous disiez donc, père Ardouin?

— Ah! oui; je disais que M. de Masseville se proposait bien certainement d'assister, avec toute la cour, à la messe paroissiale; mais Dieu et M. le premier Président en avaient disposé autrement, et depuis deux jours M. votre père, et son collègue, M. de Gerlasse, sont partis pour tenir les assises de Beauvais...

— M. de Gerlasse! ce petit homme si bien poudré, qui a le nez camard et le pied fourchu?

— Justement; M. de Gerlasse, un homme respectable.... ancien conseiller au parlement de Normandie.... Est-ce que ça vous fait de la peine?

— Moi ! au contraire !.... Ainsi, père Ardouin, maman est seule chez elle ?

— Doucement, doucement, monsieur Oscar. Remarquez, s'il vous plaît, que la question est complexe. Madame votre mère est-elle seule en ce moment? C'est ce que j'ignore absolument. Madame votre mère est-elle chez elle? A cela, je réponds formellement non, attendu qu'elle a jugé convenable d'accompagner M. votre père, et qu'ils sont partis ensemble.

— Eh bien! ça tombe joliment!... Va-t-il bisquer le chien de cour, avec sa prison et son pain sec!...

— Qu'est-ce que vous dites donc, M. Oscar?

— Rien, père Ardouin..... Oh! mon Dieu, moi, je ne dis rien du tout.... Seulement, mon bon papa Ardouin, si vous vouliez me faire donner à dîner....

— Pardieu! M. Oscar, vous êtes bien le maître de dîner quand ça vous fera plaisir..... D'abord, nous avons... attendez... Ah! j'y suis! nous avons les débris d'un pâté, un reste de civet, et la moitié d'une volaille...

— Du civet, du pâté, de la volaille... Ah! père Ardouin, que vous êtes un homme précieux!...

— Je vais mettre votre couvert...

— Mettez-en deux, papa Ardouin; je veux que nous dînions ensemble...... C'est bien la moindre chose... un pâté, un civet, de la volaille... Sera-t-il vexé, le gâcheux!....

— Permettez, M. Oscar; le respect, les convenances, me font un devoir de refuser....

— Pardieu! papa Ardouin, vous êtes encore bon enfant, avec votre respect, vos convenances... Soyez tranquille, je prends tout sur moi, et je vous garantis que papa ne s'en plaindra pas... D'abord, il n'en saura rien... Et puis ensuite je le veux, je l'exige... Qu'est-ce que ça me fait à moi!... deux jours de pain sec de plus ou de moins, je m'en moque pas mal..... Papa Ardouin, nous dînerons tête-à-tête, comme de vieux amis que nous sommes; car il y a long-tems que vous êtes au service de mon père, n'est-ce pas?

Le bonhomme n'eut pas le courage d'insister; il pleurait d'attendrissement en dressant la table. Le dîner servi, tous deux prirent place, et Oscar, qui n'était pas encore amoureux au point d'en perdre l'appétit, fit grand honneur à l'ambigu servi par le père Arduoin. Ce dernier, vers la fin du repas, se trouva tout-à-fait à son aise; quelques verres d'un vin généreux, que son jeune convive n'épargnait pas, lui avaient donné un certain aplomb, et tout, en ce moment, lui semblait pour le mieux dans le meilleur des mondes possibles.

On s'était mis à table avant deux heures, à quatre on y était encore;

seulement le père Ardouin parlait moins et Oscar ne parlait plus du tout, par la raison toute simple que le premier roupillait déjà passablement, et que le dernier méditait; d'où il advint que le bonhomme dormit bientôt à poings fermés, ce que voyant notre espiègle, il prit gaîment la clé des champs, et se mit à parcourir les promenades de la ville, pensant toujours à cette charmante femme, pour les beaux yeux de laquelle il avait failli manger du pain sec, et à qui, cependant, il devait d'avoir fait un si bon dîner..

Le jour s'écoula, la nuit vint,

et Oscar, enchanté de la manière dont il avait employé le tems, se mit en devoir de regagner la maison paternelle. Il marchait lentement, s'efforçant de repousser la pensée importune de la faute qu'il avait commise; ce qui était d'autant plus difficile, qu'à cette faute se rattachait un souvenir délicieux, celui du charmant embarras et du doux sourire de la jolie madame de Gerlasse. Il marchait donc, rêveur et le front baissé; une voiture qui passait près de lui s'arrête tout à coup; la portière s'ouvre, le froissement d'une robe se fait entendre. Oscar tressaille, lève les yeux, reconnaît la charmante femme du vieux conseiller, laisse échapper un cri de surprise et d'admiration, et son émotion est si forte, qu'il est forcé de chercher un point d'appui contre la porte cochère qui vient de s'ouvrir.

Rien de tout cela n'est échappé à madame de Gerlasse.

— Secourez ce jeune homme, s'écrie-t-elle en s'adressant à ses gens... Pauvre enfant! peut-être s'est-il blessé... faites-le entrer...

En parlant ainsi, elle s'approche elle-même de notre amoureux, qui, pâle et tremblant, essaie de parler, et ne peut que balbutier quelques mots inintelligibles.

— Eh! mon Dieu! s'écrie de nouveau la jeune femme; je ne me trompe pas, c'est le fils de M. de Masseville!.....

Et le soutenant d'un côté, tandis qu'un domestique le soutenait de l'autre, elle aida à le conduire jusque dans le salon, où le pauvre Oscar ne tarda pas à se remettre un peu. Madame de Gerlasse fut la première à s'en apercevoir.

— C'est bien, Benoît, cela va mieux; laissez-nous maintenant, dit-elle en faisant signe au domestique de se retirer.

Les voilà seuls.

— Qu'avez-vous donc fait, Monsieur ? dit en souriant la jolie femme du conseiller, de cette vivacité, de cette pétulance qui, ce matin..

Au premier mot, le visage d'Oscar s'était animé, et de ses grands yeux noirs on eût dit qu'il sortait des éclairs.

— Au nom de Dieu ! Madame, n'allez pas croire que je me repente... Quinze jours, un mois au pain sec..... un siècle si l'on veut... je suis prêt à tout supporter....

— Pauvre enfant ! serait-il vrai ?... Quoi ! on aurait voulu vous punir pour..... mais c'est atroce, horrible.... cela révolte.....

Il n'en avait pas fallu davantage pour rendre à notre écolier tout son aplomb.

— Oh ! Madame, ne me plaignez pas !.... Je suis bien dédommagé par l'intérêt que vous voulez bien prendre.....

— Et c'est moi qui suis la cause de tant de cruautés !..... Dieu soit loué ! je puis réparer mes torts involontaires......Nous allons aviser aux moyens.... Mais, dites-moi, comment êtes-vous parvenu à échapper à vos persécuteurs ?.....

Oscar, de plus en plus encouragé, raconta tout ce qui s'était passé depuis l'*Agnus Dei* inclusivement, jusqu'à la promenade de l'après-midi ; il parla long-tems ; fit du pathos, s'embrouilla et finit par ne plus savoir où il en était. Fort heureusement pour lui, madame de Gerlasse n'était plus en état de s'apercevoir de son embarras : la pauvre petite femme n'avait jamais été soumise à pareille épreuve. Sacrifiée par l'avarice de ses parens aux caprices d'un vieillard cacochyme et maussade, elle avait fait ce que l'on appelle dans le monde un mariage de convenance ; pour la première fois de sa vie elle entendait le doux langage de l'amour, et ce langage jusqu'alors inconnu, était comme un nectar dont elle s'enivrait avec délices.

Le tems passe vite quand on l'emploie de la sorte : Oscar et sa belle amie déraisonnaient, divaguaient à qui mieux mieux ; il arrivait presque toujours que les phrases du jeune homme se terminaient par un soupir, et que celles de son charmant interlocuteur étaient interrompues par un baiser ; de sorte qu'en quelques heures, ils avaient fait un chemin immense, et, malgré cela, aucun d'eux ne songeait à s'arrêter.

— Minuit ! s'écria tout à coup

madame de Gerlasse, qui venait de jeter les yeux sur la pendule. Mon Dieu! M. Oscar, comment rentrerez-vous au collége?

— Il est vrai, Madame, que cela présente quelques difficultés, répondit le malin écolier, sans compter la salle de discipline, le pain sec, les *pensum*, et autres punitions dont nos rigides censeurs sont si prodigues......

— Eh bien! mon ami, je vais vous faire reconduire chez vous.

— Maintenant, à cette heure? Ah! Madame, le père Ardouin serait capable d'en perdre la tête. Le pauvre homme me croit bien tranquille à l'heure qu'il est dans le dortoir de la pension; il faudrait absolument lui expliquer pourquoi et comment j'ai passé tout ce tems dehors..... Et puis vous quitter si vite..... quand je suis si heureux près de vous!.... ne plus sentir cette jolie main dans la mienne..... ne plus entendre cette voix si douce....

— Taisez-vous, enfant; croyez-vous qu'on se prête toujours à vos folies...... allons, Monsieur, soyez sage.....

— Encore un baiser.

Et l'espiègle en prit dix avant qu'on lui eût accordé la permission de cueillir le premier.

— Mais, mon ami, que voulez-vous donc?

— Ne pas vous quitter; rester toujours auprès de vous....

— Y pensez-vous?.... Que dirait-on....

— Qui le saura? Le père Ardouin me croit au collége, et au collége on me croit chez moi.

— C'est impossible, Oscar; M. de Gerlasse est absent, et je ne puis vous donner asile sans m'exposer à être calomnié ; le monde est si méchant !..... Vous ne le connaissez pas encore, Oscar..... Souvent les apparences sont trompeuses, et il nous fait payer bien cher les moindres imprudences....

Comme elle prononçait ces mots, une heure sonna à la pendule.

— Oh ! mon Dieu, dit-elle, déjà une heure ! comment faire ?

— En sortant demain, reprit Oscar, je n'éveillerai l'attention de personne ; il n'en serait peut-être pas ainsi maintenant.

Notre amoureux, comme on le

voit, se formait vite, et profitait assez habilement de ses avantages. La jeune femme, en proie à une vive agitation et vaincue par les instances du jeune étudiant, ne résistait plus que faiblement : son sein était violemment agité, son visage brûlant ne faisait pas un mouvement pour se dérober aux caresses d'Oscar.

— C'est un enfant, se dit-elle enfin, et je suis vraiment folle de vouloir le traiter comme un homme. Après tout, je ne vois pas quel danger je courrais en lui permettant de passer ici le reste de la nuit; il occupera la chambre de mon mari. Je vais en dire deux mots à Julie.

Aussitôt elle se lève et sonne la femme de chambre.

— Julie, conduisez Monsieur dans la chambre de M. de Gerlasse. Le pauvre enfant s'est enfui ce matin du collége, il n'ose rentrer chez lui. Nous verrons demain à arranger cette affaire.

Julie obéit, non sans remarquer que cet enfant qu'on lui recommandait avait l'air singulièrement éveillé, malgré l'heure avancée. Et là-dessus les conjectures charitables allèrent leur train. Un quart d'heure après, tout le monde était couché; mais Julie fut la seule qui s'endormît avant la solution du problême, bien qu'elle procédât parfaitement, et qu'elle eût une grande habitude de passer du connu à l'inconnu.

—

Ce que je ne sais pas et ce que je sais. — La métamorphose. — Plaisirs et regrets. — L'attaque d'apoplexie. — L'orphelin. — La veille du départ. — Le souvenir.

—

COMMENT cela se fit? c'est en vérité ce qu'il m'est impossible de vous dire. La porte de communication entre les deux appartemens était-elle mal fermée? Oscar avait-il eu un accès de somnambulisme; avait-il fait effraction, ou était-il passé par le trou de la serrure?... Lecteur, mon ami, j'en suis fâché; mais, sur tout cela, je ne puis, en conscience, vous donner d'éclaircissemens bien satisfaisans. Ce que je sais, ce que je vais vous dire, ce qui ne vous surprendra guère, attendu que vous l'avez peut-être déjà deviné, c'est que, long-tems avant que les premiers rayons du soleil eussent pénétré à travers les persiennes de l'appartement, il y avait sous l'alcove ordinairement solitaire de la jolie conseillère, non pas deux têtes dans un bonnet, mais deux têtes sur l'oreiller. Oscar était rayonnant; madame de Gerlasse n'avait jamais été si jolie; un de ses bras, aussi blanc que l'ivoire, était arrondi sur les épaules de l'écolier, que ses yeux humides de plaisir contemplaient avec ravissement. Oscar avait perdu toute sa timidité; il ne disait plus *madame*, mais *ma chère Emma*; la métamorphose était complète : hier, enfant, aujourd'hui il était homme; on eût dit que pendant cette nuit il avait grandi de deux pieds.

Malheureusement, les meilleures choses ici bas, celles qui devraient être éternelles, sont précisément celles qui durent le moins. Dieu a bien fait, dit-on; cela peut être; mais j'aurais certainement fait autrement, et je ne suis pas le seul de mon goût. Dans le Paradis, il paraît qu'on raisonne d'une autre manière : obéir et nous taire, c'est notre lot; et si nous ne sommes pas contens, il ne nous reste d'autre ressource que de nous faire philosophes. De leur nature, les amoureux ne sont ni l'un ni l'autre, ce qui est très-fâcheux.

Le charmant visage de madame de Gerlasse ne tarda cependant pas à se rembrunir; bientôt aux caresses de son jeune ami, elle ne répondit que par des torrens de larmes. Oscar ne comprit rien à ce changement. Depuis quelques heures il avait oublié dans les douces étreintes de la jeune femme, le collége, les *pensum*, la salle de discipline, et le monde entier. Cette chambre, ou plutôt cette alcove, était devenue son univers.

— Des pleurs! chère Emma, s'écria-t-il, de la douleur après tant de plaisir!...

Et ses lèvres brûlantes s'efforçaient de sécher les larmes de la jeune femme.

— Oscar, dit-elle, je ne vous férai point de reproches, je suis plus coupable que vous..... Ce n'est pas non plus un ordre que je veux vous donner, c'est une prière que je dois vous faire, et votre cœur est trop noble, trop généreux, pour que vous refusiez de m'entendre.....

— Oh! parlez, parlez, chère Emma..... ne suis-je pas à vous, à tout entier..... Puis-je avoir une autre volonté que la vôtre, d'autres désirs que ceux que vous formez?....

— S'il en est ainsi, mon ami; vous

m'aiderez, je l'espère, à réparer ma faute autant qu'elle peut l'être....

— Que voulez-vous dire? qu'allez-vous exiger?....

— Je n'exigerai rien; j'en ai perdu le droit.... Mais si je vous suis chère, vous m'en donnerez une grande preuve, en sacrifiant vos plaisirs à ma réputation, à ma tranquillité, je ne puis dire à mon bonheur.... Vous vous retirerez à l'instant même, dans la chambre de M. de Gerlasse, et, avant une heure, vous sortirez de cette maison pour n'y jamais rentrer.

— Ainsi, vous me chassez, cruelle... vous me défendez de vous voir, d'oser jamais me présenter devant vous.... Aux plus douces faveurs succède le châtiment le plus terrible.... Eh ! qu'ai-je donc fait pour le mériter ?.... Ah ! Emma, grâce! grâce !.... je vous en prie.

Et comme s'il eût craint qu'elle lui échappât tout à coup, il la serrait dans ses bras, la pressait contre son cœur..... Sa douleur était si naïve, si vraie ! Il était si jeune, si beau, si amoureux !..... Il y avait tant de charmes dans cette voix qui demandait grâce !..... Et puis toutes les jolies femmes n'ont pas un cœur de fer, voire même celles dont les maris sont conseillers aux Cours royales. Madame de Gerlasse, quant à elle, avait le cœur tendre, excessivement tendre ; c'est une justice que le lecteur lui a certainement déjà rendue. De plus, son mari portait de la poudre et des ailes de pigeon ; il avait le ventre gros, le nez camard et le pied-bot ; il avait en outre le malheur de présider les assises de Beauvais, tandis que sa jeune femme entendait la messe à Amiens. Or, il est évident que rien de tout cela n'était la faute de la jolie petite femme ; ce n'était pas non plus la faute d'Oscar, et il le prouva tant de fois et si éloquemment à sa jeune amie, qu'il parvint enfin à la convaincre.

Il ne fut donc plus question de se séparer pour toujours. Bien au contraire, on ne songea à l'avenir que pour chercher les moyens de se voir souvent; et il fut résolu qu'on mettrait Julie dans la confidence; car les confidens, en amour, sont aussi indispensables que dans une tragédie classique.

Vint l'heure du déjeuner; Oscar, sans se faire prier, accepta la tasse de chocolat qu'on lui offrit, mets délicieux pour un écolier, et que celui-ci savoura en riant du bon tour qu'il jouait à son maître d'études, en prenant un aussi bon à-compte sur les huit jours de pain sec auxquels il avait été condamné.

Les nuages qui s'étaient éleves au réveil étaient entièrement dissipés; on causait, on riait, on changeait de tasse, on buvait dans le même verre; il semblait que le collége et M. de Gerlasse fussent aux antipodes. Nos amans se levaient de table lorsque Julie entra; il était dix heures; elle apportait à madame son courrier. La jeune femme prend nonchalamment le paquet, regarde le timbre.

— *Beauvais*, dit-elle; et elle le laissa retomber sur la table.

— Beauvais, dit Oscar, c'est peut-être l'histoire de quelque grand criminel.... Le paquet est énorme, peut-être M. le Président vous envoïe-t-il le résumé des débats....

La jeune femme brise le cachet, tire une lettre de l'enveloppe, et la parcourt rapidement. Presque aussitôt elle pâlit; ses yeux se remplissent de larmes. Oscar! s'écrie-t-elle, mon cher Oscar!.... Pauvre jeune homme! malheureux enfant!!

— Qu'avez-vous, ma chère Emma? quel malheur nous menace ?

Pour toute réponse, madame de Gerlasse lui remet la lettre qu'elle vient de parcourir, et Oscar lit :

« J'ai, ma chère amie, une bien
» triste nouvelle à vous apprendre.
» Hier, à l'issue de l'audience, Mon-
» sieur de Masseville, mon collègue,
» est mort d'une attaque d'apoplexie
» foudroyante. Sa veuve est au dé-
» sespoir. Je viens de la décider à
» partir; elle arrivera presqu'aussi-
» tôt que ma lettre. Je connais as-
» sez votre cœur pour être persuadé
» que vous vous hâterez de la voir,

» et que vous ne négligerez rien
» pour la consoler un peu dans cet
» affreux malheur.... »

Oscar n'en put lire davantage ; un tremblement convulsif le saisit ; son sang reflua vers le cœur, et il tomba sans connaissance sur le parquet. Quand il reprit ses sens, il était chez lui, étendu sur son lit. Sa pauvre mêre pleurait à son chevet, et madame de Gerlasse partageait sa douleur ; cette consolation ne fut pas la moins efficace. Le jeune homme se leva ; il embrassa sa mère ; leurs larmes se confondirent.

— Oscar, mon pauvre enfant, dit madame de Masseville, nous avons tout perdu, tout, jusqu'à l'espérance, car désormais il m'est impossible de subvenir aux frais de ton éducation....

Ce dernier point, était ce qui importait le moins à Oscar en ce moment; le pauvre enfant, bourré de grec et de latin, eût été plus disposé à se réjouir qu'à se plaindre, en apprenant que désormais il n'aurait rien à démêler avec la *syntaxe*, les chiens de cour, et tous ces échafaudages élevés par l'université pour étouffer le génie, énerver l'intelligence, et perpétuer l'esclavage.....

Pourtant le jeune homme pleurait ; quiconque a le bonheur de posséder son père est incapable de se faire une juste idée des douleurs cuisantes d'un orphelin.

Madame de Gerlasse s'était retirée de peur d'être importune, Oscar l'avait vu partir sans regret, sans songer à la retenir. Peu à peu ses larmes se séchèrent, il se leva, fit quelques pas dans sa chambre, puis s'approchant de madame de Masseville, il se mit à genoux :

— Ma bonne mère, dit-il, c'est ici le cas de se raidir contre l'infortune : je suis grand, fort, capable de travailler et de subvenir à tous mes besoins. N'ayant plus de charges, votre pension comme veuve d'un magistrat sera suffisante, et vous permettra de ne rien changer à vos habitudes. Quant à moi, j'irai à Paris : n'avons-nous pas là quelques amis, des parens?.... Ils m'aideront à trouver une place dans le commerce, et s'ils me refusent leur protection, je saurai m'en passer.... Consolez-vous, ma bonne mère, Oscar est un homme maintenant.

Madame de Masseville embrassait son fils et ne répondait point. Oscar, elle n'en doutait pas, pensait tout ce qu'il disait en ce moment; mais se séparer de son fils, n'était-ce pas un nouveau chagrin? Pouvait-elle, sans que son cœur se brisât, le voir renoncer au rang qu'il aurait dû occuper dans le monde?.... Son amour-propre de mère n'était-il pas froissé lorsqu'elle pensait à la condition plus que modeste qu'il allait être forcé d'embrasser pour subvenir à ses besoins?....... Si M. de Masseville eût vécu plus long-tems, son Oscar n'eût-il pas parcouru sous ses auspices une carrière brillante!.... Ces hochets pour les femmes ont toujours été un bien inestimable, et madame de Masseville, froissée dans ses affections, n'en était que plus disposée à se cramponner aux préjugés.

Plusieurs jours s'écoulèrent, Oscar persista dans sa résolution. Il est vrai que, pour cela, il avait fallu qu'il se fît violence. En partant pour Paris, il lui fallait renoncer à sa chère Emma, y renoncer pour toujours! Le sacrifice était grand; mais l'amour-propre aidait à le consommer, et l'amour-propre, en pareil cas, est un puissant auxiliaire. Comment, en effet, pauvre maintenant, sans appui, sans position dans le monde, compter sur l'amour, sur la fidélité de cette jeune femme, riche, belle et dont il devait la conquête au hasard? De quel œil verrait-elle un amant pauvre, réduit à vivre du travail de ses mains?.....

La résolution est donc prise, elle est invariable; en vain madame de Masseville fait-elle quelques objections; parle-t-elle des dangers qu'offre le séjour de la capitale; des embûches, des pièges de toute nature qui doivent attendre un enfant sans guide et sans appui, tout est inutile; c'est un parti pris.

De grands changemens s'opérèrent bientôt dans la maison: Madame de Masseville ne conserva qu'un simple appartement, en harmonie avec sa position ; plus de domestiques ; le père Ardouin lui-même, malgré l'ancienneté de ses services et l'attachement qu'on lui avait toujours porté, fut congédié.

—Ma bonne mère, dit Oscar, il est inutile de tarder davantage ; il faut que je parte.

— Tu le veux donc absolument, mon enfant?

— C'est la nécessité qui le veut. J'ai entendu dire cent fois qu'à Paris, avec l'amour du travail et quelque intelligence, il n'est pas rare de faire un chemin rapide. Il est impossible que je ne trouve pas quelque emploi dans le commerce ou dans une administration quelconque, et alors mon chemin sera tout tracé.

Madame de Masseville n'insista plus; ce plan lui parut raisonnable; sa tendresse pour son fils était le seul motif qui le lui avait fait combattre. Dès le soir elle fit des lettres pour tous les parens, les amis qu'elle avait à Paris. Le lendemain, une énorme malle fut remplie du trousseau d'Oscar, et le départ fut fixé au jour suivant.

Une tristesse profonde accablait le jeune homme. Vers le soir il sortit, et parcourut les rues de cette ville, où il avait passé tout le tems de son heureuse enfance. Sa promenade n'avait point de but. Il marchait au hasard ; mais, en pareil cas, le hasard et l'amour s'entendent toujours parfaitement, de sorte qu'au bout d'un quart d'heure, Oscar se trouva près de la maison de madame de Gerlasse. Il s'arrête, regarde autour de lui ; jette les yeux sur cette maison, où naguère il a passé de si délicieux instans. Un banc de pierre est à quelques pas ; il s'assied, et continue à donner cours à ses réflexions. Au bout de quelques instans; une femme passe, regarde, s'arrête; et ces mots se font entendre :

—Mon Dieu ! monsieur Oscar, que vous est-il donc arrivé ?

— Ah! c'est vous mademoiselle Julie? Je vous remercie; il ne m'est arrivé aucun mal.

Mais alors, vous attendez donc quelqu'un ?

— Pas précisément.... c'est-à-dire, j'attends le départ de la diligence de Paris.

— Est-il possible! Quoi! vous

partez..... sans que madame le sache?. .. Sans lui dire adieu..... Oh! les hommes, les hommes, est-ce traître.... Ces choses-là sont faites pour les pauvres femmes sensibles et infortunées.

— Votre maîtresse daigne donc penser quelquefois à moi?

— Si elle y a pensé! la pauvre petite femme!.... elle en perd la tête, elle sèche sur pied; enfin elle est sérieusement malade. C'est au point que, depuis le malheur qui vous est arrivé, elle a déclaré à Monsieur, que la porte de communication serait condamnée jusqu'à nouvel ordre. Encore, si elle voulait m'écouter ; je sais ce que c'est... j'ai passé par là.... Mais j'espère bien que vous ne partirez pas comme ça ; vous allez entrer avec moi...... Tenez, justement, Monsieur est dans son cabinet, il compose, et quand Monsieur compose, on peut être tranquille, ça dure long-tems. N'est-ce pas que vous voulez bien?...

Pour toute réponse, Oscar se leva, et suivit Julie qui, toute fière de cette docilité, se hâta de le conduire près de sa jeune maîtresse.

— Oscar !...

— Ma chère Emma !.....

— Vous ne l'aimez donc plus, Monsieur, votre Emma? dit madame de Gerlasse en courant au devant du jeune homme, vous ne l'aimez donc plus? allez, c'est affreux!

— Vous le savez, ma tendre amie, des chagrins cuisans......

— Eh bien! Monsieur; c'était une raison de plus pour venir, nous aurions eu du chagrin ensemble; nous en aurions eu tant que vous auriez voulu...... Mais non, vous me délaissez, depuis cinq mortels jours on n'a point eu de vos nouvelles, et probablement, vous avez été ailleurs chercher des consolations.

— Ah ! Emma, je vous en conjure, n'ajoutez pas à mes peines ! vous les connaissez, elles sont horribles.

— A la bonne heure ; mais si cela vous arrive encore..... je sais bien ce que je ferai.... D'abord, je serai malade, je maigrirai, je deviendrai laide, bien laide..... et vous en serez cause........ Oscar, mon petit Oscar, dis que tu viendras souvent, tous les jours..... n'est-ce pas?

— Charmante amie, le ciel m'est

témoin que de toutes les félicités de ce monde, la plus grande pour moi serait de ne jamais te quitter, de passer près de toi tous les instans de ma vie.... Mais un devoir impérieux me force de partir pour Paris.

— Pour Paris!.... vous voulez aller à Paris.... Et vous croyez que je le souffrirai!.... Eh bien! non, rien ne me retiendra.... O mon Dieu! mon Dieu! prenez pitié de moi!

Oscar se trouvait dans un terrible embarras, et il se repentait presque d'avoir cédé aux sollicitations de

Julie. Dans cette extrémité, il pensa que le plus sage était d'employer la persuasion. Il prit donc la jeune femme dans ses bras, sécha à force de baisers, ces yeux mouillés de larmes, et comme en pareil cas il n'y a pas loin de la douleur au plaisir, quelques instans suffirent à nos amans pour faire le trajet. . . . .

. . . .

Il était dix heures.

— Au moins, Oscar, tu me promets de revenir bientôt ?

— Le plus tôt possible, ma chère Emma.

Oscar mentait; mais il était excusable : le pauvre garçon ne se sentait pas le courage de supporter le désespoir de sa maîtresse.

— Et tu penseras à moi ?

— A chaque instant de ma vie.

A ces mots, la jolie conseillère se dégage des bras du jeune homme, court à son secrétaire, en tire un souvenir en maroquin bleu, et le présente à son amant.

— Tiens, Oscar, je te le donne; tous les feuillets en sont blancs..... Songez, Monsieur, que tant que vous serez absent, il ne vous sera pas permis de vous mettre au lit avant d'avoir écrit sur ces feuillets quelque chose pour votre Emma....

Oscar prit le souvenir, le pressa sur ses lèvres et le mit dans sa poche en jurant qu'il ne le quitterait jamais. En ce moment, un léger bruit se fit entendre dans la pièce voisine, Julie entra et dit :

— Voici Monsieur qui sort de son cabinet !

— Encore un baiser, dit Oscar.

Quelques minutes après, le pauvre garçon parcourait de nouveau les rues d'Amiens, et le lendemain, au point du jour, le cœur plein de regrets et d'espérance, il roulait vers Paris.

—

Arrivée à Paris. — Visites. — Tribulations.

Il était déjà tard lorsque notre jeune voyageur mit pied à terre dans la cour des messageries royales; ausssitôt il fit mettre sa malle sur les crochets d'un commissionnaire, et, conduit par ce dernier, il s'achemina vers l'hôtel des B o-Enfans. Il était jeune, il avait l'air ouvert, sa bourse était passablement garnie ; il ne lui en fallait pas davantage pour être bien reçu partout, et particulièrement à l'hôtel des Bons-Enfans. Il fut logé au premier étage, dans une chambre élégamment meublée, et cela, parce qu'à la demande de ses nom et profession, il avait répondu en présentant son passeport, où était relatée sa qualité de fils de conseiller à la Cour royale. Les maîtres d'hôtels garnis ont un tact tout particulier, un instinct qui leur est propre, et à l'aide duquel ils devinent presque toujours la situation financière d'un nouvel hôte. Oscar sentit bien qu'il paierait l'honneur qu'on lui faisait ; mais il s'en inquiéta peu, persuadé qu'il ne ferait pas dans cette maison un bien long séjour, et qu'il aurait le tems ensuite de s'accoutumer aux privations.

Il était tard, et malgré le désir que ressentait notre nouveau débarqué de parcourir ce Paris tant vanté, il remit au lendemain les courses qu'il devait faire.

— Voyons d'abord ces lettres, se

dit-il, En voilà six.... *M. Bidois, épicier en gros, rue des Cinq-Diamans.* Ah! c'est le mari de ma cousine germaine; les conseils de mon père lui ont fait autrefois gagner un procès bien embrouillé; il n'aura sûrement pas oublié cela...... Celle-ci est pour *M. de Molban, ancien chef de division....* C'est mon oncle, le frère de ma mère.... Cette autre est adressée à *M. Masselin, avoué*, c'est encore un cousin.... En voici une pour *Madame la comtesse de Celnange*; c'est cette dame, que mon père cacha chez lui pendant le règne de la terreur, et à laquelle il fit rendre, en 1815, des biens immenses dont le gouvernement s'était emparé.... Ces deux dernières sont pour un vicaire-général et un chanoine de Notre-Dame ; je les mettrai à l'arrière-garde.

Chacun de ces personnages est en situation de me servir.... Que l'un d'eux me mette sur le chemin, je n'en demande pas davantage pour marcher vite et droit.

Oscar remit ses lettres dans son portefeuille, puis il tira de sa poche le petit souvenir bleu que lui avait donné madame de Gerlasse.

— Charmante femme, dit-il,

elle me recommande de ne pas l'oublier, de penser à elle tous les jours..... Eh! quand je voudrais n'y pas penser, cela me serait-il possible?.... Oh! non, je le sens bien, je l'aimerai toute ma vie.....

Puis il tira son crayon, et il écrivit sur la première page de cet album: « J'arrive à Paris; ma première » pensée est pour toi...... »

Ceci n'est pas rigoureusement vrai; j'ai d'abord pensé à mes lettres... Bah! quest-ce que cela fait? c'est un mensonge sans importance... Chère Emma! ne l'aimais-je pas toujours autant?.... Davantage même? D'ailleurs, c'est écrit, et une rature ferait là bien mauvais effet..... Continuons :

« J'ai traversé plusieurs rues de
» cette immense cité, mais je n'ai
» rien vu, rien entendu, mon corps
» était là, mais mon âme était
» tout entière avec toi.... »

Cette phrase n'est pas mal du tout; il n'y a rien à redire, et il est certain que, dans le trajet de l'hôtel des messageries à celui des Bons-Enfans, j'ai vu fort peu de chose..... On pourrait me dire qu'il faisait nuit, que les réverbères étaient rares; et que la lune n'avait pas encore paru sur l'horizon; mais ces observations ne pourraient faire que j'eusse vu quelque chose.....

« Quelle soirée, comparée à celle
» d'hier !.... c'est un réveil terrible
» après un rêve délicieux: hier,
» je goûtais l'ambroisie, et aujour-
» d'hui ma coupe se remplit de
» fiel.....

En réthorique, cette phrase-là m'aurait valu le grand prix.....

« Que te dire de plus, mon Emma,
» si non que j'ai trompé ta douleur,
» en te promettant de revenir bien-

» tôt près de toi..... Hélas! Dieu
» seul maintenant sait quand je goû-
» terai le bonheur de te serrer dans
» mes bras!..... »

Ici notre héros bailla de la meilleure grâce du monde; il était fatigué, ses yeux se fermèrent, le crayon s'échappa de sa main; et, de peur de passer sans le vouloir la nuit sur une chaise, il se mit prudemment au lit, où la fatigue continuant à l'emporter sur l'amour, il dormit bientôt à poings fermés.

Je ne suis pas de ceux qui sont persuadés que l'amour empêche de boire, de manger et de dormir, et je pense, au contraire, qu'une jolie femme, un bon dîner et un bon lit sont les choses qui s'accordent le mieux : l'amour donne la vie; une bonne table la conserve et l'embellit, et je soutiens contre tous les casuistes que la meilleure digestion est celle que l'on fait au lit. Remarquez bien, Lecteur, mon ami, que ce n'est pas là de l'abstrait, mais de la belle et bonne physiologie, ou, si vous l'aimez mieux, de l'économie animale, science qui fait chaque jour des progrès, science exacte s'il en fût, et dont l'étude ne fait jamais maigrir..... Je reviens à notre amoureux qui était une preuve vivante de ce que je viens d'avancer.

Oscar dormit la grasse matinée ; il était dix heures quand il se leva. Sa toilette achevée, il examina de nouveau les lettres dont nous avons parlé, les rangea méthodiquement dans son portefeuille, et le pied leste, l'air ouvert, le cœur plein d'espérance, il sortit pour faire ces visites sur le succès desquelles il comptait tant. Ce fut par la rue des Cinq-Diamans qu'il commença sa tournée. Arrivé à l'adresse indiquée, il lit, sur un fond noir, cette inscription en lettres jaunes, de dix-huit pouces : BIDOIS, MAISON DE COMMERCE D'ÉPICERIES EN GROS.

— Le quartier n'est pas beau, se dit-il; la rue est bien sale et la maison bien laide.

Cela parut de mauvaise augur au jeune homme; car il ignorait que l'épicier fût un être à part ici-bas; il ne savait point que l'épicier est toujours épicier, soit qu'il habite la rue des Cinq-Diamans ou au faubourg Saint-Germain. Quoi qu'il en soit, Oscar entra; il traversa une petite cour bien sombre, pénétra dans un magasin qui aurait pu passer pour une cave, et où il vit entassés pêle-mêle des tonnes d'huile, des pains de sucre, des boucaux de café, et cinq ou six pauvres diables ayant les mains grosses et rouges comme des écrevisses, portant le bonnet de loutre et la serpillère de toile bleue. Il demande à parler à M. Bidois; on le fait monter au premier étage, et là, dans une espèce de cage, derrière une grille au milieu de laquelle est pratiqué un petit guichet, il aperçoit son honorable cousin, qui, la plume derrière l'oreille, la tête appuyée sur les deux mains, et le *Constitutionnel* sous les yeux, méditait profondément sur le cours du cacao et la baisse des clous de gérofle.

— Monsieur, lui dit Oscar, je

n'ai pas l'honneur d'être connu de vous; mais voici une lettre qui vous apprendra qui je suis, et m'acquerra, je l'espère, de votre part, une bienveillance dont je m'efforcerai de me rendre digne.

L'épicier leva la tête, ouvrit de grands yeux ronds, tendit la main, prit la lettre, et l'ouvrit.

— Ah! ah!.... oui, je me rappelle parfaitement..... M. de Masseville..... Un honnête homme, ma foi..... C'est bien malheureux! C'est comme moi maintenant....... Le savon de Marseille est en baisse depuis trois mois, et il y en a quatre que j'en ai acheté pour vingt mille francs..... « La magistrature est une carrière à la fois honorable et ingrate. » C'est la cousine qui écrit cela ; et elle a ma foi raison; la magistrature, c'est absolument comme l'épicerie, ça baisse tous les jours..., c'est au point que si on n'y met ordre, vous verrez bientôt le café à dix-huit sous, et les juges à cent écus.... Eh bien ! mon garçon, nous venons donc à Paris pour faire quelque chose?

— J'espère qu'avec les conseils et la protection des amis de ma mère.....

— Des conseils, c'est juste; un jeune homme a toujours besoin de conseils, et je vous réponds que vous n'en manquerez pas, d'autant plus que cette marchandise là n'est pas cotée à la Bourse. Moi, d'abord, je vous engage à vous mettre dans le commerce, parce que le commerce, voyez-vous, il n'y a que ça... quand on a une belle main surtout... Si l'indigo était en faveur, je pourrais peut-être..... Mais, pour le moment, c'est impossible..... C'est égal, je verrai chez quelques confrères, et si vous vous sentez du goût pour l'épicerie... Il est vrai que ce n'est pas tout sucre; cependant on convient généralement que c'est une belle branche, surtout dans les liquides; et tous ceux qui ont fait là-dedans depuis dix ans, sont aujourd'hui fort à leur aise.

— Ainsi, Monsieur, grâce à vos bons offices, je puis espérer d'être bientôt à même de pourvoir à mes besoins?...

— C'est-à-dire, d'abord, vous serez au pair, nourri, logé, blanchi, éclairé..... Dans l'épicerie, aujourd'hui, on est parfaitement éclairé.... mais vous ne serez pas chauffé, attendu, que dans l'épicerie, on ne se chauffe jamais. Après cela, c'est-à-dire au bout de deux ou trois ans, si vous êtes actif, intelligent, fort; si vous êtes capable d'aller dix fois par jour de la rue de la Verrerie à la chaussée d'Antin, avec une corbeille de deux cents livres sur la tête; alors, dis-je, vous obtiendrez deux cents, peut-être même deux cent cinquante francs d'appointemens par an.

— Mon cher cousin, vous aimez à plaisanter....

— Apprenez, mon ami, que dans l'épicerie on ne plaisante point.... Dans le détail, à la bonne heure, je ne dis pas; mais dans le gros, jamais!

— Cela étant, Monsieur, trouverez bon, je vous prie, que je m'en tienne à votre amitié et n'use point de votre obligeance.

— Comme il vous plaira, mon garçon....., moi, d'abord, voilà comme je suis; c'est oui ou non, en tout il faut de la franchise, et dans l'épicerie on n'en manque pas.

Là-dessus, M. Bidois plaça ses coudes sur son comptoir, appuya son front sur ses mains, et comme si le jeune homme n'eût pas été présent, il s'enfonça de nouveau dans les colonnes du *Constitutionnel*. Oscar se retira.

— Voilà, pensait-il en traversant

la petite cour et la rue des Cinq-Diamans; voilà un début qui n'est pas encourageant, mais parce que mon cousin l'épicier est un original, ce n'est pas une raison, pour que les personnes auxquelles sont adressées mes autres lettres, manquent tous d'obligeance, et n'aient pas le sens commun.

Tout en faisant ces réflexions, notre jeune homme se dirigea vers la demeure de M. Molban, son oncle; l'ancien chef de division le reçut un peu mieux.

— Mon cher neveu, lui dit-il, après avoir pris connaissance de la lettre qui lui était adressée, je verrai, je solliciterai, mais je ne vous le cache pas, il est maintenant bien difficile d'obtenir quelque chose... Tout se donne à l'intrigue; ah ! les tems sont bien changés !..... N'est-ce pas, Madelaine, que c'st difficile.

Et la vieille Madelaine qui, depuis vingt ans, était la gouvernante de de ce vieux célibataire, se mit à broder sur ce texte, avec une chaleur, un entraînement bien capables de convaincre le pauvre Oscar du peu de chances qu'il avait de ce côté.

— Cependant, dit M. Molban,

je vous promets de faire tous mes efforts, et peut-être parviendrai-je à vous faire entrer comme surnuméraire dans quelque ministère; alors, dans trois ou quatre ans, vous pourriez avoir douze cents francs d'appointemens.... En attendant, j'espère que vous viendrez dîner tous les dimanches avec moi.

— Pauvre jeune homme, reprit Madelaine, il sera bien avancé quand vous l'aurez mis dans ces bureaux, au pain sec et à l'eau..... Ne vaudrait-il pas mieux lui mettre un bon état entre les mains?......... Voyez votre cousin Georges, par exemple, c'est cà, un ouvrier!. ça vous fait des semaines de quarante francs..... Allez, Monsieur, on a bien raison de dire qu'un état passe rente.

— Le cousin Georges, dit Oscar; il me semble avoir quelquefois entendu parler de lui : quel état fait-il donc ?

— Ah! dam! un état fameux.... Comment donc que vous appelez ça, M. Molban?

— Il est typographe.

— C'est ça, *quitograte*, c'est comme qui dirait imprimeur dans le fin, pour la composition, s'entend.

Oscar réfléchit un instant, ce que venait de dire Madelaine lui paraissait très-sensé. Mais avant de mettre son avis à profit, il voulait encore tenter les autres chances.

En sortant de chez son oncle, il courut chez l'avoué, qui, d'un air distrait et capable, parcourut la lettre qu'il lui présenta, et dit :

— Mon bon ami, vous savez sûrement lire et écrire?

Oscar devint rouge comme une cerise.

— Monsieur, répondit-il, j'étais

en réthorique lorsque je quittai le collége.

— Cela étant, mon cher ami, je vous promets la première place de petit clerc qui se trouvera vacante dans mon étude : quinze francs par mois et le déjeuner.

Et sans attendre les remercîmens du jeune homme pour un si grand bienfait, il fit une pirouette et sortit.

Oscar était humilié et presque furieux. Il se retira, bien décidé à ne pas porter à leur adresse les trois lettres qui lui restaient. L'âme bourrelée et le cœur gros, il se mit à marcher à grands pas sans regarder autour de lui. Il traversa ainsi presque tout Paris, arriva sur les boulevarts qu'il arpenta du même pas, et ne s'arrèta que lorsque le grand air lui eût rafraîchi le sang, et que son estomac lui eût fait sentir à plusieurs reprises que l'heure du dîner était passée depuis long-tems. Il entre chez un restaurateur, mange vite et long-tems, et toujours fortement préoccupé, vide presque sans s'en douter, la bouteille qu'on lui a servie.

C'est quelque chose de prodigieux que l'effet produit par une bouteille de Macon sur un cerveau de quinze ans ! En sortant de table Oscar avait presque oublié les trois visites qu'il avait faites, et leur résultat; en dépit de l'épicier, du vieux chef de division et de l'avoué, l'avenir lui semblait couleur de rose; il marchait en fredonnant, et regardait les jolies femmes qui passaient près de lui. Les promenades, à Paris présentent une foule d'agrémens que les provinciaux seuls sont capables de bien apprécier; par exemple, on n'y saurait faire dix pas sans avaler des flots de poussière ou être crotté jusqu'à l'échine, puis viennent les marchands ambulans qui vous accostent, vons entourent, vous harcèlent :

— Voyez, Monsieur, de jolis boutons de chemise. — Voulez-vous des crayons d'une nouvelle invention? — Achetez-moi ce beau jonc. — La sûreté des montres !

En un instant, Oscar eût acheté une canne de fer, deux lorgnettes et des boutons d'argent doré qu'on lui vendit pour de l'or fin. Peut-être ses emplètes allaient-elles se multiplier, quand vint un autre industriel qui lui dit :

— Monsieur, voulez-vous un billet pour Tivoli ?

Ocar avait souvent entendu parler de ce beau jardin ; il ne savait comment employer la soirée; le tems était superbe. En conséquence, il prit le billet qu'on lui fit payer le double de ce qu'il valait, et une demi-heure après il se promenait dans les bosquets de ce nouvel Eden.

—

Une soirée à Tivoli. — Le bal et le feu d'artifice. — Une connaissance. — Onze heures du soir. — La nuit blanche.

—

Oscar avait déjà visité presque toutes les parties du jardin; il avait entendu un concert, s'était arrêté devant le prestidigitateur ; avait passé un quart d'heure dans le cabinet de physique, et cassé deux poupées au tir. Tout cela était nouveau pour lui, et, par conséquent, tout cela l'avait beaucoup amusé. pourtant, il n'était pas encore rassasié de plaisirs : on en est toujours insatiable à quinze ans.

Le voici maintenant près de l'orchestre de bal ; les musiciens préludent, les quadrilles se forment. Partout autour de notre héros se presse une jeunesse gaie, enjouée, brillante ; des femmes dont le costume est délicieux, le regard enchanteur ; des jeunes filles dont la mise est simple, l'air dégagé, le visage rayonnant. Oscar est dans l'admiration, et la pensée du désagrément qu'il a éprouvé le matin est bien loin de lui; il ne pense même pas à madame de Gerlasse; que tant de charmans visages devraient lui rappeler...

On annonce la première figure; l'un des danseurs regarde autour de lui, s'approche d'Oscar :

— De grâce, Monsieur, seriez-vous assez bon pour compléter notre quadrille; il nous manque un figurant......

Oscar n'avait garde de refuser; déjà depuis quelques instans, il était tenté de prendre place parmi les danseurs ; un peu de timidité l'avait retenu, mais l'invitation obligeante qu'on lui adressait était suffisante pour le décider ; il répond affirmativement. Presque aussitôt, ses regards se portent sur une de ces jeunes filles, dont un costume à la fois élégant et simple augmentent la grâce et la gentillesse ; près d'elle est une femme sur le retour.

— C'est la mère, la tante ou quelque chose d'approchant, pense-t-il, et c'est là par conséquent qu'il faut s'adresser. Il s'avance donc, l'air respectueux, le chapeau à la main, balbutie la phrase de rigueur.

On accepte, et le voilà faisant la chaîne anglaise et la queue du chat.

On ne danse pas avec une jolie personne sans lui dire quelque chose; cela ne s'apprend pas; mais cela se sent, et Oscar le sentit. La difficulté, en pareil cas, est d'entrer en matière; et il est assez ordinaire, pour entamer la conversation d'appeler à son secours, le beau tems, la chaleur, le vent, la poussière, et une foule d'autres choses semblables à l'u age de ceux qui veulent absolument parler sans rien dire.

— Peut-être, mademoiselle, venez-vous quelquefois ici?

— Oui, Monsieur, presque tous les dimanches..... Le cousin de la première demoiselle a toujours des billets pour tout le magasin.....

— Ah! Mademoiselle est dans le commerce?

— Dans les nouveautés.

— C'est une jolie partie.

— Oui, ça serait assez gentil...... sans les cancans...... Vous avez beau ne sortir qu'avec vos parens, ne pas faire de connaissance, c'est comme si vous chantiez.....

— C'est fort désagréable.

— Oui, ça ne laisse pas d'être sciant..... mais avec le tems on s'y habitue.

Ce dialogue était naturellement entremêlé de *balancés*, *chassés*, *croisés*, *entrechats*, *ronds de jambe*, etc.; et le résultat de tout cela, fut que, à la fin de la contredanse, une certaine intimité s'était déjà établie entre le jeune couple.

Oscar présente la main à sa nouvelle connaissance, afin de la reconduire près de sa tante; car il sait maintenant que sa gentille danseuse est sous la protection d'une tante, qui, sans manquer d'indulgence pour la jeunesse, tient essentiellement à ce que l'on ait des mœurs. Ils arrivent près de l'orchestre, mais il paraît que la bonne tante a change de place ; on ne la retrouve plus. Heureusement, il n'est pas huit heures ; on a du tems devant soi. Il fait une chaleur étouffante ; Oscar offre des rafraîchissemens que l'on accepte sans beaucoup de difficulté. On se promène ensuite, et toujours sous le prétexte de chercher la tante, on parcourt les allées les plus solitaires du jardin. Les heures s'écoulent comme des minutes. Oscar plaît ; on lui trouve de l'esprit ; il a l'air distingué, et l'on s'avoue tout bas qu'on serait charmé de l'avoir pour *connaissance......* Et voilà comme, dans un siècle pervers, s'éclipsent les vertus de magasin les plus pures ! Une contre-danse, une glace, un baiser..... votre serviteur de tout mon cœur ! *Sic transit gloria mundi !*

Déjà, depuis long-tems on ne pensait plus à la tante ; Oscar tenait dans ses mains une des mains de la jeune fille..... Tout à coup une explosion se fait entendre.

— C'est le feu d'artifice ! s'écrie l'aimable étourdie, courons vite.... les bonnes places vont être prises.

Le feu d'artifice n'était pas, en

ce moment, ce qui pouvait plaire le plus à Oscar; pourtant il y courut, admira tant qu'on voulut l'immense talent de M. Claude Ruggieri, dont il donnait, par forme de restriction, les bombes lumineuses à tous les diables.

— Voici le bouquet! s'écria Henriette (c'était le nom de sa jolie compagne); Dieu! comme c'est beau!..... Il est soigné, aujourd'hui, le bouquet!.... C'est dommage que la fumée vous prenne comme cela à la gorge!

— C'est comme moi, dit Oscar; cette fumée m'altère considérablement..... Charmante Henriette, vous accepterez une caraffe de groseilles?

— Oh! non, il serait trop tard... Et ma tante? Ah! Dieu, si l'on savait cela au magasin, jaserait-on!

— C'est possible; mais on ne le saura pas.... Et puis, une demi-heure de plus ou de moins, qu'est-ce que cela fait?.... Ma chère Henriette, je vous en prie..... Ensuite, nous chercherons sérieusement madame votre tante.

Henriette fit encore quelques objections; mais cela n'empêcha pas qu'elle se laissât conduire vers le café, et il advint que, tout en se défendant, elle entra, but la groseille, mangea trois biscuits, et ne cessa de faire de l'opposition, que lorsque la corbeille et les caraffes furent vides.

En ce moment, onze heures sonnèrent....

— Onze heures!.... Sûrement, ma tante est partie... Voyez, Monsieur, à quoi vous m'avez exposée!....

— Calmez-vous, je vous en conjure.... Je vous reconduirai jusque chez madame votre tante; je m'accuserai, je....

— Ah! par exemple! encore un joli moyen que vous trouvez-là!... D'ailleurs, je ne demeure pas chez elle.... et, fort heureusement, j'ai ma clé et mon passe-partout.

— Oh! alors, c'est bien différent.... Ma chère Henriette, je suis à vos ordres; nous partirons quand vous voudrez.

Et l'on sortit en riant du jardin. Pendant le trajet, on dit des folies, on fit du sentiment; on parla de se revoir; on se le promit, on se le jura; et Oscar en était au quinzième serment, quand, arrivé vers le milieu de la rue Richelieu, Henriette s'arrêta, en disant : C'est ici.

Grâce au passe-partout, la porte de l'allée fut ouverte sans difficulté.

— Ma chère Henriette, cet escalier est bien sombre ; on ne sait pas ce qui peut arriver..... Permettez.....

— Chut !.... Parlez donc bas..... Si la portière entendait !..... Ces portières, ça entend tout, ça devine tout..... Bonsoir, monsieur Oscar....

— Non, je ne souffrirai pas que

vous vous exposiez seule..... Mais c'est un coupe-gorge que cette allée!....

Et Oscar, en prononçant à voix basse ces derniers mots, s'élança jusqu'à l'entresol.

— Je vous en prie, M. Oscar, ne faites pas de bruit..... Par ici..... Tenez, donnez-moi la main.... Quatre-vingt trois marches.... Nous voici à la vingt-septième....

On arrive sous les combles, dans une petite chambre, où, grâce au briquet phosphorique, on se procure de la lumière.

— Oh ! le charmant petit séjour !....

— Pour Dieu ! M. Oscar, taisez-vous donc.... Miséricorde ! Si ces demoiselles entendaient parler ici !... Comment faire maintenant ?.... Il est vrai qu'une nuit est bientôt passée. Voici deux chaises. .. chacun une... Dam ! c'est vous qui l'avez voulu.... Moi, d'abord, je ne me déshabille pas.

— Mais, ma chère Henriette, vous n'y songez pas.... vous seriez demain horriblement fatiguée... vous auriez les yeux rouges et gros... cela n'échapperait pas à vos compagnes.

—Oh! pour ça, vous avez bien raison.... Les bonnes langues !..... seraient-elles contentes !.... Dieu ! est-ce ennuyant, les propos !....

— Raison de plus pour les éviter.

Et ma tante qui disparaît comme un éclair. . . . Voilà pourtant à quoi est exposée une jeune personne honnête et sensible.... Il ne faut qu'une malheureuse contredanse pour vous mettre dans l'embarras...... Monsieur Oscar, faites moi le plaisir de m'ôter cette épingle..... On veut être sage, on n'a pas plus de connaissance que sur la main.... le nœud du lacet est en dessous... Ce n'est pas comme Ernestine, qui en est à son septième, un clerc d'huissier.... Finissez donc, monsieur Oscar; Dieu! est-il enfant!..... Monsieur, ça n'est pas bien.... Je n'aurais jamais cru ça de vous.... Fiez-vous donc aux apparences!...... Soyez donc vertueuse, avec une tante qui vous abandonne à Tivoli.... Elle ne pourra toujours pas dire que c'est ma faute.

A tout cela, Oscar ne répondait rien; ce qui ne l'empêchait pas d'être très-éloquent : ordinairement les amoureux excellent dans la pantomime. Quant à la gentille Henriette, elle parla encore pendant quelques instans; puis tout à coup la chandelle s'éteignit, et il se fit un profond silence.................

....

Et cependant quarante-huit heures s'étaient à peine écoulées depuis qu'Oscar avait quitté la tendre Emma; et il avait dans sa poche le petit souvenir-bleu!...

Au mois de mai, les plaisirs sont vifs; mais, par compensation, les nuits sont bien courtes, même pour ceux qui ne dorment pas. Le jour ne tarda pas à pénétrer dans la chambrette des nouveaux amans.

— Oscar, je t'en prie, va-t-en....

— Oui; mais à condition que je reviendrai ce soir?

— Taisez-vous, Monsieur; c'est des bêtises..... vous n'êtes pas raisonnable....

— Tu es si jolie comme cela!

— Tu trouves? N'est-ce pas que le négligé me va bien?

— A ravir!

— Ce n'est pas comme Anaïs, qui n'a pas de hanches ... et Ernestine qui a une épaule plus haute que l'autre... Ah Dieu! si tu les voyais sans corset!... Eh bien! ça vous a un air de critiquer les autres.... Tu vas me lacer, n'est-ce pas?

Le jeune homme se mit en devoir de rendre ce service à sa gentille amie; au même instant une voix aigre et perçante se fit entendre dans l'escalier.

—Henriette! Henriette!... Allons donc, mademoiselle..... sept heures et demie.... Paresseuse!....

— C'est mademoiselle Brigite, dit Henriette.... Cette vieille chipie est toujours levée la première....

Ce n'est pas elle qu'une rencontre à Tivoli empêchera jamais de dormir!...

Puis, la jeune fille entr'ouvrit la porte, et dit : Je descends, mademoiselle.

— Toujours la même; deux heures à votre toilette!

— Dam! il faut bien prendre le tems de se lacer....

— Oh! vous êtes si maladroite!... Finissons-en; je vais vous aider.

— C'est inutile, j'ai fini.

La pauvre petite tremblait de tous

ses membres; et Oscar lui-même n'était pas fort rassuré sur les suites de cette aventure. Cependant, mademoiselle Brigite continuait à monter.

— Oscar! je t'en prie, cache-toi!

Et le jeune homme, à moitié habillé, se jeta dans le lit. Henriette lui mit la couverture par-dessus la tête; puis elle passa promptement une robe, jeta un schall sur ses épaules, et sortit précipitamment. Il était tems! Mademoiselle Brigite montait la soixante-quinzième marche!

—

Les cancans. — Le billet de banque. — Sage résolution. — Projets; Pleurs, Consolations, etc. — Ce qu'une femme veut, Dieu le veut.

— MA foi, se dit notre amoureux, je suis bien ici, et il est probable qu'on ne viendra pas me troubler.... J'ai une terrible envie de dormir.

Et il rabattit la couverture qui lui couvrait le visage, étendit les bras, bâilla, et s'endormit. Pendant ce tems, Henriette était dans une grande anxiété : dès qu'elle était entrée dans le magasin, tous les regards s'étaient portés vers elle; aucune de ses compagnes ne lui avait parlé, et toutes avaient commencé à chuchoter entre elles; quelques-unes souriaient, d'autres levaient les épaules en regardant la jeune amie d'Oscar. La pauvre petite était au supplice; mais ce fut bien pis, lorsque *la première*, mademoiselle Brigite, fit entendre ces terribles paroles :

— Quelle est donc, Mesdemoiselles, celle d'entre vous qui se permet de rentrer à minuit ?

Aussitôt une demi-douzaine de voix firent entendre des : *Ce n'est pas moi, ni moi, ni moi.*

— Silence! Mesdemoiselles...... je sais bien que la coupable ne l'avouera pas, d'autant qu'elle n'est pas rentrée seule.....

— Fi, quelle horreur!

— Peut-on s'afficher ainsi!

— C'est affreux !

— C'est épouvantable !

— On ne doit pas souffrir ces choses-là....

— D'autant moins que ça compromet la réputation de tout le magasin....

— Non, Mesdemoiselles, la coupable n'était pas seule..... On a entendu parler au cinquième, pendant une partie de la nuit..... Il est même question d'un chapeau d'homme qu'on aurait aperçu...

— Au cinquième, dit Ernestine,

nous ne sommes que trois; Anaïs, Henriette et moi; je suis rentrée à neuf heures et demie, et Anaïs était déjà dans sa chambre..... D'ailleurs je ne crains rien; je suis sage, Dieu merci! à preuves!

Henriette ne disait rien; elle étouffait; de grosses larmes coulaient sur ses joues rouges et brûlantes. Enfin, n'y pouvant plus tenir, elle se leva et sortit poursuivie par un murmure accusateur. En entrant dans sa chambre, la pauvre petite se laissa tomber sur une chaise et s'abandonna au désespoir. Oscar, réveillé en sursaut, s'élance hors du lit.

— Au nom de Dieu! ma chère Henriette, qu'avez-vous, quel malheur vous est arrivé?

— Ah! ah!.... J'a... avais bien raison de ne pas... as vouloir....

— Henriette, ma bonne petite, je t'en prie, calme-toi.... dis-moi tes chagrins afin que je les partage si je ne puis les faire cesser.....

— Non, Monsieur.... non, vous ne le pouvez pas... je suis perdue... On vous a vu; on nous a entendus.... tout le magasin le sait...... Je n'aurai jamais le courage d'y reparaître....

— N'est-ce que cela? Eh bien! qui vous force de rester dans cette maison?.....

— Ah! sans doute; personne ne peut me forcer..... mais où voulez-vous que j'aille...? Ma tante ne manquera pas de savoir bientôt..... Ah! si j'avais seulement ma chambre, je sais bien ce que je ferais...... D'abord, je ne voudrais plus entendre parler de magasin, je travaillerais chez moi, et là, au moins, je serais libre...

— Et combien coûteraient les meubles dont vous auriez besoin?

— Oh! beaucoup d'argent!....... Au moins cent cinquante francs.

Aussitôt, Oscar tira sa bourse, dans laquelle sa mère avait mis vingt-cinq louis, et où il restait encore un peu plus de quatre cents francs.

— Séchez donc vos larmes, chère amie, voici de quoi acheter cette liberté. Aujourd'hui, nous ne nous quitterons que le tems qui vous sera nécessaire pour faire vos emplettes et vous installer...... Je t'attendrai chez moi, à l'hôtel des Bons-Enfans; nous dînerons ensemble, et quand je te reconduirai, nous n'aurons plus peur de la portière.

Henriette n'en pouvait croire ses yeux et ses oreilles.

— Oh! Oscar, Oscar! s'écria-t-elle que je vais être heureuse!..

Et de ses jolis bras entourant le cou du jeune homme, elle reçut et rendit vingt baisers délicieux.

Oscar retourna à l'hôtel, où il prit quelque repos en attendant l'heure du dîner. Henriette, de son côté, ne perdit pas un instant; avant midi, elle avait loué une petite mansarde fort propre, où, deux heures après, elle fit porter le modeste mobilier qu'elle se trouvait si heureuse de posséder.

Tout cela fut arrangé avec goût, symétrie. Enfin, à quatre heures, elle courut au rendez-vous. Son visage respirait la joie, le bonheur ; ce jour lui semblait être le plus beau de sa vie. Oscar, aussi, passa une journée délicieuse, et ce ne devait pas être la dernière.

Un mois s'écoula ainsi ; le jeune de Masseville semblait avoir oublié ce qui l'avait amené à Paris ; il n'écrivait que bien rarement à sa mère, et lui parlait peu de ses projets ou de ses espérances. Cela pourtant ne pouvait durer. Un soir, en rentrant chez lui, ce qui lui arrivait rarement, il trouva sur sa cheminée le mémoire de son hôte. Ses regards, tout d'abord, se portèrent sur le total...... *Cent vingt-cinq fr....* A peine lui reste-t-il les deux tiers de cette somme! Quel parti prendre? Oscar n'en sait rien; triste, abattu, il s'assied, réfléchit, pense à ce qu'il a fait depuis un mois; à ce qu'il aurait pu faire; il se repent, mais un peu tard. Il faut cependant sortir de ce mauvais pas.

— Allons, se dit-il, j'écrirai à ma mère... Vingt-cinq louis en un mois! elle trouvera que c'est trop, que c'est beaucoup trop, elle sera obligée de s'imposer de nouvelles privations... Oh! c'est mal!..

c'est très-mal ! mais puisqu'il n'est pas d'autres moyens...,. C'est une leçon, je me corrigerai.

Cette résolution prise, il chercha à se distraire.

— Ce maudit mémoire m'a ôté l'envie de dormir ; comment employer le reste de la soirée?.... Écrivons..... Quoi ?.... Eh ! n'ai-je pas là le joli souvenir de mon Emma.... Cette chère Emma ! si elle savait.... Bah ! je ne la reverrai peut-être jamais.... C'est égal, écrivons pour passer le tems..... Je me rappelle que j'étais très-content du début..... Il est, ma foi, joli ce souvenir, je ne l'avais pas encore si bien examiné..... vrai maroquin, fermeture en or......

Et, au lieu d'écrire, il se mit à compter les feuillets de l'album.

— Tiens! il y a sous la couverture un petit portefeuille.... je ne l'avais pas encore vu.

Il ouvre le portefeuille, en tire un petit papier bien mince, le déploie..... c'est un billet de banque de cinq cents francs! Oscar demeura pendant quelques instans immobile de surprise et de joie; puis il s'écria :

— Je gagerais bien que jamais argent si peu attendu, n'est arrivé plus à propos!..... Il est vrai que ce billet n'est pas à moi ; mais puisqu'il est resté plus d'un mois là-dedans sans que je m'en sois douté, ne pouvait-il pas y rester six mois, un an?...... Or, il y aurait bien du malheur si, d'ici à un an, je ne pouvais me procurer pareille somme.

Ce raisonnement parut très-concluant au jeune homme, dont le premier soin fut de se rendre chez son créancier, auquel d'un air triomphant, il présenta le bienheureux billet, puis il revint chez lui, impatient d'arriver au lendemain, et de faire participer Henriette à son bonheur. C'était bien le cas, alors, de songer à s'amender, et de s'en tenir, en amour, à la belle Emma et au petit souvenir bleu, mais malheureusement le cœur humain est ainsi fait, que le moindre accident suffit pour lui faire trouver insipide ce que, quelques instans auparavant, il croyait devoir être toujours délicieux. Oscar se coucha, non en songeant à Emma qui venait de lui rendre un si grand service; mais à Henriette, pour laquelle jusqu'alors il n'avait fait que des folies. Il ne laissa pas cependant de faire quelques réflexions raisonnables; il pensa, par exemple, à la difficulté, et pour ainsi dire à l'impossibilité de trouver un emploi convenable ; il se rappela la niaiserie de l'épicier ; l'indifférence de son oncle ; l'impertinence de son cousin, et il en conclut qu'il ne devait, en aucune façon, compter sur ces personnages. Il avait bien encore trois lettres de recommandation ; mais qu'attendre d'une comtesse de soixante ans et de deux abbés ?.... Des remontrances, des conseils, des sermons, et la proposition d'entrer dans un petit séminaire...... Décidément, il ne les verra pas. De toutes les personnes qu'il a visitées le lendemain de son arrivée, une seule lui semble avoir le sens commun ; c'est Madelaine, la gouvernante de son oncle. *Un état passe rente*, avait-elle dit, et Oscar avait maintenant assez d'expérience pour reconnaître la vérité de cet adage populaire.

— J'irai voir le cousin Georges, se dit-il, il n'est ni négociant, ni avoué, ni chanoine ; et il ne doit pas être nécessaire d'avoir de la fortune pour lui inspirer quelqu'intérêt. Je lui dirai que je veux devenir, comme lui, un bon ouvrier ; je le prierai de m'aider de ses conseils.... malheureusement, il faudra faire un apprentissage, et comment alors subvenir à mes besoins?.... Avoir recours à ma mère?... Mais élevée dans une autre classe de la société, consentirait-elle sans chagrin à me voir ceint d'un tablier, les mains noires et les manches de chemise retroussées jusqu'aux coudes?.. Nous verrons. Ce qui est certain, c'est que je verrai le cousin Georges. Il faut aussi que je dise la vérité à Henriette, la pauvre petite me croit riche, dès demain je la désabuserai.

Voilà ce que pensait Oscar, et comme les pensées les plus sages sont en même tems les moins amusantes, il s'endormit :

Le lendemain, dès le matin, il se rendit chez Henriette; il avait l'air soucieux, préoccupé.

— Qu'as-tu donc, cher Oscar? tu ne me dis rien....... Tenez, Monsieur, je vois bien que vous ne m'aimez plus...... Depuis huit jours, vous avez l'air sérieux, hier soir vous êtes parti sans m'embrasser, et ce matin....

— Vous êtes folle, ma chère Henriette.

— Oh! non, Monsieur, je sais bien ce que je dis..... Tiens, Oscar, sois franc: n'est-ce pas, que tu ne m'aimes plus?....

— Ma bonne amie, je vais vous donner une preuve du contraire..... jusqu'à ce jour je vous ai trompée...

— Justement!..... je le disais bien!.... Qui est-ce qui aurait cru ça? avec son petit air.... Allez, Monsieur, c'est affreux!....

— Laissez-moi donc achever; je vous ai trompée en vous laissant croire le contraire de la vérité. Par exemple, jusqu'à présent, vous m'avez cru riche; eh bien! j'ai eu tort de vous le laisser penser.

— Comment! Oscar, tu n'es pas riche?.... Tu n'as pas de biens, de rentes?.....

— Pas le moins du monde. C'est un aveu que j'aurais dû vous faire plus tôt.

— Oh! mon Dieu! quel bonheur, que je suis contente!....

Et Henriette se jetant dans les bras du jeune homme, le couvrit de baisers.

— Mais, ma bonne amie, c'est de l'extravagance..... En vérité, je n'aurais jamais imaginé qu'il y eût là de quoi vous rendre si joyeuse.

— Ah! Oscar, tu ne sens donc pas tout le bonheur qu'il y a d'être égaux quand on s'aime?... Tu n'es pas riche, ni moi non plus.... Mais j'ai un bon état; je ne manque pas d'ouvrage..... Si tu veux, nous ne nous quitterons plus.... Je travaillerai tant que je pourrai; et toi,.. toi, tu feras ce que tu voudras....... des romances par exemple? Ah! oui! tu me feras des romances.....

— Ma bonne Henriette, j'ai pris la résolution d'être désormais raisonnable.

— Eh bien! Monsieur, est-ce que ça n'est pas raisonnable de faire ce qui plaît à sa petite femme?

— Oh ! très-raisonnable, assurément, mais cela ne doit pas empêcher de penser un peu à l'avenir. J'espérais trouver une place convenable dans quelqu'administration, mais cela est plus difficile que je ne l'avais imaginé. J'ai depuis longtems hésité sur le parti auquel je devais m'arrêter, maintenant j'ai pris une détermination : j'apprendrai un état ; je serai ouvrier......

— Eh bien ! raison de plus pour ne plus nous quitter. Écoute, Oscar ; il faudra faire un apprentissage, tu ne gagneras rien ; mais je travaillerai de si bon cœur !.... tous les jours, tous les dimanches... Oh! alors, je serai heureuse tout-à-fait !

— Bonne Henriette, je ne doute pas de ton amour, de ton bon cœur, mais je ne puis consentir... non, cela est impossible.

— Comment! Monsieur; impossible... En ce cas, vous reprendrez vos meubles, votre chambre... je serai aussi fière que vous, je ne veux rien garder de ce qui vous appartient... Dès aujourd'hui, je vais chercher une place..... L'ingrat! moi qui croyais qu'il m'aimait!.... Non, Monsieur, non, vous ne m'aimez pas ; vous ne m'avez jamais aimée...

Et la pauvre petite se mit à pleurer, à sanglotter de telle sorte, qu'Oscar ne put résister au désir de la consoler.

—Après tout, se dit-il, il n'y aurait pas grand mal à cela. D'ailleurs, je ne suis pas encore sans argent; et quand le besoin se fera sentir, alors, ma foi, alors nous verrons.

Ce monologue était à peine achevé, que notre héros s'approcha de la jeune fille, l'embrassa, la consola, essuya son visage, mouillé de larmes, et lui promit qu'il ne la quitterait point. Aussitôt, les pleurs cessèrent ; Henriette oublia tout ce qui venait de se passer, et elle parut si heureuse, qu'Oscar demeura persuadé de l'impossibilité de vouloir ce que ne veut pas une jolie femme dont on est aimé, ce qui, au reste, n'est qu'une variante à ce proverbe : *Ce que femme veut, Dieu le veut.*

L'apprenti. — Les cousins de nos cousins. — Le bon coin et le père Lariole. — Les mains noires. — Le petit ménage.

—

La paix faite et scellée, Oscar partit; bien décidé à mettre sous le pied le préjugé qui, jusqu'alors, l'avait retenu, et à n'avoir désormais recours qu'à ses bras et à son industrie.

— Je ne connais pas le cousin Georges, pensait-il en traversant Paris; mais je suis sûr qu'il approuvera ma résolution, et j'ai le pressentiment qu'il me servira autant qu'il le pourra. Après tout, puisque le monde est divisé en deux catégories, l'une composée de ceux qui produisent, et l'autre composée de ceux qui consomment, il me semble plus honorable d'appartenir à la première... Et pourtant il est triste, lorsqu'on se sent quelque chose dans le cerveau, de ne pouvoir, pour vivre, se servir que de ses bras... Bah! la vie est longue, on sait ce que l'on est aujourd'hui, mais on ignore ce que l'on sera demain, et parce que l'on a exercé une profession utile, on n'en est pas moins capable d'occuper dans le monde une position plus élevée....

Et comme en faisant ces réflexions, Oscar marchait rapidement, il arriva bientôt chez M. de Molban.

— Mon Dieu! Monsieur, lui dit la vieille gouvernante en lui ouvrant la porte, que vous êtes matinal!.. .vous sentez bien qu'on ne peut pas réveiller Monsieur à pareille heure... avec ça que sa quinte lui a pris trois fois cette nuit... ah! mon Dieu; oui, trois fois... Pauvre cher homme! il peut bien dire que s'il ne m'avait pas.... mais les jeunes gens ne sentent pas ça...

— Pour mon compte, ma chère demoiselle, je sens tout le prix de vos services, et la preuve de cela c'est que je viens tout exprès pour vous prier de m'en rendre un.

— Moi! mon cher Monsieur?

— Vous même; je n'ai pas oublié ce que vous me dites lors de notre première entrevue : *Un métier passe rente*. C'était une espèce de conseil que vous me donniez, et j'espère que vous m'aiderez à le suivre, en m'appuyant auprès du cousin Georges que vous voyez quelquefois. Mon intention est d'aller le trouver, et de me faire recevoir comme apprenti dans la maison où il travaille.

— Oh ! pour cela, mon cher Monsieur, vous n'avez pas besoin de ma protection : le cousin Georges est un homme sans façons qui vous recevra bien et vous servira autant qu'il le pourra. Il ne tient qu'à vous d'aller le trouver rue du Pot-de-Fer, en face du séminaire ; il est ordinairement à l'ouvrage à six heures du matin. . . C'est une bonne idée qui vous est venue là ; M. de Molban vous approuvera, j'en suis sûre. . . d'autant plus que ça lui évitera la peine de solliciter pour vous. . . Dam ! c'est naturel, à son âge, on n'aime pas à changer ses habitudes, et puis les voitures sont chères, et Monsieur n'est pas riche.

La bonne fille venait de toucher la corde sensible, et, une fois ce chapitre entamé, elle était capable de parler jusqu'à extinction de voix. Oscar qui s'en aperçut, s'empressa de lui souhaiter le bonjour, et courut gaîment vers l'atelier où il devait trouver le cousin Georges.

Arrivé à la maison indiquée, Oscar rencontre un petit drôle, qui, les mains noires, les manches de chemise retroussées jusqu'aux coudes, et la tête couverte d'un bonnet de papier, disait d'un air mécontent.

— Il est bon là, M. Georges, avec son *pâté!*..... dirait-on pas qu'y faut s'passer d'boire et d'manger pour trier l'*cicéro* et l'*petit-romain*... D'ailleurs, j'aime pas la *casse* moi, j'suis pour la presse. . .

— Il paraît, se dit Oscar, que

voici l'un de mes collègues futurs, lequel n'est pas du tout enchanté du cousin, ce qui, au reste, ne prouve pas grand'chose.

Puis s'adressant à l'apprenti.

— Vous venez de prononcer le nom de M. Georges; c'est justement pour parler à ce Monsieur que je suis venu ici; ne pourriez-vous m'obliger de me conduire près de lui?

— Vous voulez parler à M. Georges?... Eh bien! vous êtes mal tombé pour le quart d'heure, d'autant plus qu'il vient de gober *sa chèvre* pour un *pâté*... C'est égal;

entrez par la porte à droite; tournez à gauche; et la deuxième casse du troisième rang, vous y êtes.

Oscar, qui ne comprenait rien à ce langage tout nouveau pour lui, entra cependant sans hésiter, et arriva à la casse indiquée. Un homme de trente-six ans environ, l'air ouvert, quoique mécontent, et les yeux attachés sur quelques feuillets manuscrits, paraissait ne pas s'apercevoir du bruit qui se faisait autour de lui, et ses mains en se promenant sur la casse, avec une agilité surprenante, formaient des mots et des lignes comme par enchantement.

— Monsieur, lui dit Oscar, je n'ai pas l'honneur d'être connu de vous, et cependant je viens avec confiance vous prier de me rendre service.

— Comme vous le dites, répondit Georges, en se retournant vers son interlocuteur, je crois que nos physionomies n'ont pas encore eu l'avantage de se rencontrer; mais ça n'est pas une raison pour qu'on ne s'entende pas; parlez.

— Je suis le fils de M. de Masseville, d'Amiens, lequel était cousin-germain de votre mère....

— Oui, pardieu!.... Et comme

nécessairement les cousins de nos cousins sont nos cousins, touchez-là.... .

Et Georges quittant brusquement le composteur, tendit sa main noire à Oscar, qui fut enchanté de ces manières pleines de franchise, et en augura bien pour l'exécution de son projet.

— Il est l'heure du déjeuner, reprit Georges, je lie mon paquet, et je suis à vous; nous ferons plus ample connaissance chez le père Lariole.. .. à deux pas d'ici, *Au Bon Coin.*

Et voilà les deux cousins se dirigeant vers le cabaret voisin de l'imprimerie. C'était la première fois de sa vie que le pauvre Oscar mettait le pied dans un lieu semblable, et l'aspect d'une salle garnie de bancs de bois et de tables recouvertes de nappes tachées de vin et de graisse, ne contribuait pas peu à le mettre mal à l'aise; mais, sous ce rapport, il sentit la nécessité de faire bonne mine à mauvais jeu, et, pour se donner de l'à-plomb, il avala d'un trait le premier verre de vin que versa Georges.

— Vous disiez donc, cousin, que je puis vous être utile à quelque chose. ... Comment trouvez-vous ce petit vin-là? Eh bien! père Lariole, est-ce que vous attendez le Carême pour nous apporter ces côtelettes?. . . Allons, mon vieux; nous ne sommes pas *en conscience*. . . . . Cousin, à votre santé. . . . quand vous voudrez; je vous écoute.

— Monsieur, je dois d'abord vous dire que mon père est mort, ne laissant pour tout bien qu'une réputation intacte d'honnête homme et de magistrat éclairé.

— Diable! c'est quelque chose!... Il est vrai que ça ne met pas de *faces* dans le gousset des héritiers, et il y a des momens où les plus belles réputations ne valent pas un pain de quatre livres.

— Ce malheur, reprit Oscar, me fit prendre la résolution de venir à Paris, afin de n'être plus à la charge de ma mère, dont le modique revenu n'aurait pu suffire à l'achèvement de mes études. J'espérais trouver ici, sans beaucoup de difficulté, un emploi convenable....

— Ah! oui, je comprends, et vous n'avez rien trouvé du tout, comme de raison; car c'est une denrée excessivement rare, aujourd'hui que tout le monde en veut goûter.

Et puis, auprès de votre père, vous étiez à mauvaise école pour apprendre à solliciter : de tout tems, dans notre famille, on a eu la colonne vertébrale peu flexible; et je ne sache pas que les Masseville aient jamais usé leurs culottes par les genoux.... Ça nous fait honneur, cousin.... à votre santé.... Quant à moi, j'aimerais mieux *m'applatir* huit jours sur le *marbre* que de faire la révérence à un habit brodé.... Nous disions donc que vous n'avez rien trouvé, ce dont je vous félicite bien sincèrement.... Allons donc, père Lariole; voilà trois fois que je vous fais signe. Est-ce que la pantomime vous est devenue étrangère?...

Cachet rouge, papa ; prenez ça derrière les fagots, et ne vous trompez pas de couleur.

— Je m'étais fait illusion.

— C'est bien naturel. . . Et ce petit vin-là aussi.

— Mais j'ai promptement reconnu mon erreur. Bien décidé à exercer désormais une profession utile qui me rende tout-à-fait indépendant, je viens vous prier de vouloir bien m'aider en me permettant de faire, sous vos auspices, l'apprentissage de votre profession.

— Touchez-là, cousin, j'en fais

mon affaire, et je réponds que le patron ne dira pas non; car c'est un homme raïsonnable qui a de l'estime pour moi, et qui a l'habitude de parangonner ses sentimens sur le mérite des individus... Par exemple, une fois le pied à l'étrier, il ne faudra pas vous aviser de faire la petite bouche; vous ne serez pas là dans un salon de damoiseaux musqués, pincés, corsés.....

— Et c'est pour cela que je me trouverai bien, M. Georges.

Le déjeuner fut long, plus long qu'Oscar ne l'aurait voulu. Mais le cousin Georges ne se lassait pas de goûter le petit vin du père Lariole. Enfin on sortit du cabaret, et l'on revint à l'imprimerie; Georges présenta son jeune parent au chef de l'établissement, qui, ayant égard à l'éducation qu'avait reçue le jeune homme, et à la recommandation de l'un de ses meilleurs ouvriers, lui fit des conditions favorables.

— Quand commencerons-nous? dit Georges.

— Aujourd'hui même, si vous le voulez bien.

— Soit! cousin; il y a une place dans mon rang; je me charge de vous fournir le *Saint-Jean*. Avec cela, et de la bonne volonté, nous marcherons grand train.

A l'instant même, le jeune de Masseville fut installé; grâce au petit vin du père Lariole, qui lui avait d'abord fait faire la grimace, mais qu'il avait fini par boire avec résolution, il se trouva peu intimidé par les plaisanteries des autres ouvriers; il y répondit même avec beaucoup de gaîté, ce qui, joint au patronage de M. Georges pour lequel chacun avait une estime particulière, lui valut la bienveillance de tout le monde; si bien que, vers la fin du jour, il se trouvait déjà fort à l'aise avec ses nouveaux camarades.

Henriette attendait avec impatience le retour du jeune homme; le couvert était mis; le souper préparé, lorsque Oscar arriva :

— Dieu! comme le voilà fait! s'écria la jeune fille; quelles mains noires!...

— Ma chere Henriette, le sacrifice est consommé. J'avais bien prévu que....

— Qu'aviez-vous prévu, Monsieur ?.. ... Comme si je pouvais être mécontente de vous voir dans une situation qui vous rapproche de moi.... Oscar ça n'est pas bien...

— Ma bonne amie, ne te fâche pas.

— Si Monsieur, je veux me fâcher ; je me fâcherai toutes les fois que vous aurez l'air de douter que je vous aime..... Moi qui suis si heureuse près de toi !

— Quand j'ai les mains noires ?

— Oui, Monsieur ; quand vous aurez les mains noires, je ne vous aimerai pas davantage, mais j'aurai plus de plaisir à te le dire parce que je croirai être mieux comprise. Et puis il me semble que je suis plus à toi maintenant.

— Bonne Henriette !...

Un baiser lui ferma la bouche, et les deux amans se mirent à table. Jamais ils n'avaient fait un si charmant repas; jamais ils n'avaient passé une soirée si délicieuse. Il semblait aux pauvres enfans que le bonheur qu'ils goûtaient dût être éternel.

—

⊙-⊙-⊙-⊙

Les scrupules de madame Chipart. — Vous faites de *la belle ouvrage*. — Est-il capable ou ne l'est-il pas ? — Il y a de la morale sur le tapis.

—

OSCAR s'habitua, sans beaucoup de peine, au nouveau genre de vie que lui imposait sa nouvelle condition ; et ses progrès furent d'autant plus rapides, qu'il eut, dès les premiers jours, un ami dans chacun de ses camarades. Le cousin Georges était fier de son élève ; et la gentille Henriette était toujours enchantée de sa situation. Elle travaillait avec d'autant plus d'ardeur que son amour-propre était de la partie ; et c'est là, comme on sait, un puissant stimulant. Elle pensait aux obligations qu'Oscar contractait insensiblement envers elle, et il lui semblait que tout cela devait lui assurer la fidélité du jeune homme.

Le cousin Georges n'avait pas

tardé à être initié au secret du petit ménage; mais Georges était indulgent, très-indulgent ; il avait trouvé fort naturel que le jeune Masseville aimât une très-jolie fille, et qu'il en fût aimé, et comme la morale religieuse n'était pas son fort, il ne fut pas scandalisé le moins du monde d'apprendre que les jeunes gens se donnaient toutes sortes de preuves d'amour sans en avoir demandé la permission aux autorités : l'ordre légal, à son avis, avait grand tort de se fourrer là.

Tout allait donc pour le mieux. Presque chaque jour, à l'heure où les ouvriers quittaient l'atelier,

Henriette venait attendre Oscar dans les allées du Luxembourg; souvent, avec le cousin Georges, on faisait une excursion vers la barrière du Maine, et l'on passait la soirée chez le traiteur où se réunissaient ordinairement les camarades. Oscar commençait à gagner quelque argent, et cela contribuait à rendre plus agréable la vie d'artisan à laquelle il s'était résigné.

Les vieilles femmes sont les ennemies naturelles des jeunes, de même que les laides sont les ennemies des belles ; or, Henriette, jeune et jolie, avait, pour ses péchés, une tante vieille et laide, madame Chipart, laquelle, depuis six mois, remuait ciel et terre pour retrouver sa nièce.

— La malheureuse! disait à tout venant madame Chipart, la malheureuse! quitter, à dix-sept ans, l'aile paternelle d'une tante respectable... Pauvre innocente! on lui aurait donné le bon Dieu sans confession, et voilà que ça court la pretantaine avec quelque mauvais garnement... quelque carabin, peut-être... Ces carabins, c'est si adroit pour vous faire donner dans le travers!.. ce n'est pas à moi qu'ils en feraient accroire..... qu'ils viennent s'y frotter!.... Mais la jeunesse du jour d'aujourd'hui est si pervertie!.....

Et presque toujours, après ce monologue, madame Chipart se mettait en campagne pour découvrir la retraite de la jeune fugitive.

Malheureusement, Henriette avait des amies qui aimaient autant à l'entendre qu'elle-même aimait à raconter. Ces amies savaient qu'Oscar était un jeune homme de bonne famille qui avait tout sacrifié pour ne point quitter Henriette ; elles savaient que les jeunes amans n'avaient qu'une table, un lit ; elles savaient...

que ne savaient-elle pas? Or, ces amies avaient des amies, toutes aussi friandes d'amourettes et d'aventures les unes que les autres, toutes aimant fort à entendre, et encore plus à parler; et comme, parmi ces jeunes filles quelques-unes étaient de la connaissanee de madame Chipart, la chère tante finit par apprendre ce qu'elle avait soupçonné, et ce qu'elle brûlait de savoir.

— J'en étais sûre, s'écria-t-elle; Dieu! quelle indécence, à dix-sept ans..... avec un homme qui n'a rien... Nous allons voir ce qu'elle a à dire..... Petite dévergondée!

ça ne voit pas plus loin que son nez; ça ne pense qu'à la bagatelle, et pas du tout au solide ... Naturellement des parens bien pensans ne doivent pas souffrir.... si c'était pour son bien, je ne dis pas; la fortune fait passer sur bien des choses.....

En parlant ainsi, madame Chipart mettait son tour frisé en anneaux, ses souliers de prunelle, et son schall de mérinos noisette. Sa toilette achevée, elle court rue Richelieu, monte au cinquième étage, et trouvant la clé dans la serrure, entre brusquement.

— Dieux! c'est ma tante!...

— Oui, mademoiselle, c'est moi.

Vous ne vous attendiez pas à ma visite; et vous n'étiez guère inquiète de moi...... Dieu sait que ce n'est pas sans peine que je vous ai trouvée; mais heureusement, avec une langue on va à Rome, et même dans la rue Richelieu.. Je voudrais bien savoir ce que vous faites ici, mademoiselle?

— Ma tante, je.... je travaille, comme vous voyez.

— Ah! vous travaillez!.... et vous faites de *la belle ouvrage*, je m'en vante!....

— Ma tante, on ne s'en plaint pas.

— Ah! on ne s'en plaint pas!.....

Eh bien, je m'en plains, moi, belle effrontée.... Je sais tout, vous vivez en *concubinage*.....

— Ah! l'horreur!...

— Oui, mademoiselle, vous vivez en *concubinage*..... Et avec qui encore? avec un olibrius qui ne vous laissera que les yeux pour pleurer.

— Ah! ma tante, si vous le connaissiez....

— Je le connais de reste; est-ce que vous croyez que je suis faite d'hier?

— Ma tante, il est vrai que, dans

le commencement...... mais maintenant Oscar est un bon ouvrier qui.....

— Un ouvrier, justement! un ouvrier!.... Fi! mademoiselle, fi! vous devriez mourir de honte........ un ouvrier!..... vivre en concubinage avec un ouvrier!... Ah! si c'était un quelqu'un comme il faut, un homme de poids, capable de vous faire.......

— Ma tante, Oscar est fort capable, je vous assure.

— Taisez-vous, effrontée! je dis que si c'était un quelqu'un capable de vous faire un sort, on pourrait passer là-dessus, parce que, naturellement, on ne peut pas être l'ennemie de soi-même, au point de mettre à ses pieds ce que l'on a à ses mains.... mais un ouvrier, un freluquet, qui n'a ni biens ni rentes, et qui vous plantera là au premier moment......

— Ma tante, je vous jure qu'Oscar est incapable......

— Vous êtes une sotte! les hommes sont capables de tout. Je les connais, mademoiselle; je les connais mieux que vous; je sais ce qu'ils savent faire, les monstres!.... Ils m'en ont assez fait, autrefois.

Je ne parle pas de M. Chipart; c'était un brave et digne homme celui-là! qui n'avait pas plus de malice que dessus ma main; la perle des hommes......

— Ah! ma tante, si vous le connaissiez!....

— Et vous êtes ici chez lui?

— C'est-à-dire..... nous sommes chez nous.

— *Chez nous*! l'effrontée! *chez nous*!.... Mademoiselle, je vous ordonne de me suivre.

Ici les larmes qu'Henriette s'efforçait de retenir se firent jour, la pauvre petite commença à sanglotfer, et il lui fut impossible de répondre; mais madame Chipart lui ayant répété l'ordre de quitter à l'instant même cette chambre où jusqu'alors la pauvre petite s'était trouvée si heureuse, ses sanglots cessèrent, ses larmes séchèrent subitement; sa timidité disparut. Elle se leva, et regardant avec assurance madame Chipart, elle dit :

— Ma chère tante, je suis bien fâchée d'être forcée de vous désobéir; mais rien au monde ne pourrait me faire consentir à me séparer d'Oscar. Je l'aime de toutes les forces de mon âme, et il me serait impossible d'aimer un autre homme, eût-il un million à m'offrir.

— Miséricorde!..... quelle dévergondée!..... Heureusement il y a une justice, et nous verrons....

L'honnête dame n'avait pas achevé lorsque la porte de la chambre s'ouvrit. Oscar parut suivi du cousin Georges. Tous deux parurent fort surpris de l'état d'exaltation où ils trouvèrent Henriette.

— Qu'y a-t-il donc? ma chère amie, s'écria-t-il..... que veut madame?...

— Mon ami, c'est ma tante.

— Oh! alors, dit Georges, il est aisé de deviner de quoi il retourne. Il y a de la morale sur le tapis, c'est bien naturel ; mais il s'agit de prendre les choses du bon côté..... Ma chère dame, vous savez le proverbe : *Si jeunesse savait, et si vieillesse pouvait.....* à tous péchés miséricorde..... D'ailleurs Oscar est un bon enfant s'il en fut, et quoiqu'il sagisse ici d'un mariage italique, vous n'ignorez pas que le *conjungo* est un *deleatur* suffisant; d'où je conclus que lorsque les jeunes gens seront majeurs.....

— Gardez vos conseils pour vous, répondit madame Chipart, le *congo* et la *tablatur* ne sont pour rien dans cette affaire là...... Ma nièce est ma nièce, entendez-vous, et je ne souffrirai pas que l'honneur de la famille soit écorné plus long-tems par un freluquet de cette espèce-là... Voyez donc! ça n'est pas encore sorti de la coquille, et ça veut avoir l'air d'un homme!.... allons donc, la belle désolée; prenez vos cliques et vos claques, et suivez-moi....

Henriette restait immobile; la présence d'Oscar lui avait rendu quelque sécurité, et elle était sortie promptement de l'état violent où l'avait mise l'injonction de sa tante. Ses yeux étaient baissés; un rouge de feu couvrait son charmant visage; elle semblait attendre avec résignation que l'on eût prononcé sur son sort. Oscar, qui n'avait pas encore adressé un petit mot à madame Chipart, prit alors un air grave.

— Madame, dit-il, il fallait employer votre autorité pour prévenir le mal, s'il y en a; il est trop tard maintenant. Si Henriette consent à vous suivre, quoiqu'il m'en coûte, je me conformerai à sa volonté; mais tant qu'il me restera un souffle de vie, je ne souffrirai point qu'on lui fasse la moindre violence.

— Dieu de Dieu! s'écria madame Chipart, la jeunesse est-elle pervertie!.... Ça n'a pas un poil au menton, et ça parle comme un président.

Silence! dit Georges, que l'on

m'écoute : d'abord, la maman, vous avez tort; si nous en étions à la mise en train, ça serait une autre paire de manches; mais vouloir changer les marges, quand on est bientôt en retiration !..... Allons donc ! Quant à la petite mère, j'imagine qu'elle est assez grande pour avoir une volonté, et, la maman, vous n'ignorez pas que *ce qu'une fille veut, Dieu le veut*..... Franchement, la main sur la conscience, est-ce que vous n'avez pas eu votre jeune tems ?.... Est-ce que vous n'avez pas été gentille..... autrefois ?....

— Allez, Monsieur, s'écrie madame Chipart, en sortant précipitamment de la chambre, c'est indigne de soutenir le vice.....

Et elle descendit l'escalier en murmurant :

— Avec un ouvrier ! Qui est-ce qui aurait cru ça!.... Une jeunesse qui pouvait se faire un sort.... Ah! le curé de Saint-Laurent a bien raison, quand il dit que nous sommes au téms de l'abomination de la désolation..... Il n'y a plus ni foi ni vertu.... Et dire que si ça voulait, ça serait entretenu comme une duchesse.... Nous verrons, ça n'est pas fini ; on a des droits, et on le fera voir.

FIN DU PREMIER VOLUME.

ON TROUVE

CHEZ LES MÊMES LIBRAIRES :

OEUVRES DE RICARD.

Le Portier.	2e *édition.*	4	vol.
La Grisette,	——	4	
Le Cocher de Fiacre,	——	4	
Le Forçat libéré,	——	4	
La Vivandière.	——	4	
Le Chauffeur.	——	4	
Florval.		4	
Le Marchand de coco.		5	
La Sage-Femme.		4	
Le Drapeau Tricolore.		4	
M. Mayeux.		4	
L'Ouvreuse de loges.		5	
La Diligence.		4	
L'Actrice et le Faubourien.		4	

OEUVRES DE Marie AYCARD.

LE SIRE DE MORET,	4
MARIE DE MANCINI,	3

Imprimerie de A. HENRY, rue Gît-le-Cœur, n° 8.

www.ingramcontent.com/pod-product-compliance
Lightning Source LLC
Chambersburg PA
CBHW071936090426
42740CB00011B/1726

* 9 7 8 2 0 1 1 8 8 1 9 9 1 *